文案达人教你

5 天学会表达

[日]蟇田吉昭 著

刘江宁 译

中国科学技术出版社

·北 京·

ITSUKAKAN DE KOTOBAGA "OMOITSUKANAI" "MATOMARANAI"
"TSUTAWARANAI" GA NAKUNARU HON
Copyright © 2019 by Yoshiaki HIKITA ISBN: 978-4804718514
Illustrations by wataru YAGI
All rights reserved.
First published in Japan in 2019 by Daiwashuppan, Inc. Japan.
Simplified Chinese translation rights arranged with PHP Institute, Inc.
through Shanghai To-Asia Culture Co., Ltd.

北京市版权局著作权合同登记 图字：01-2020-4851

图书在版编目（CIP）数据

文案达人教你 5 天学会表达 /（日）蘒田吉昭著；刘江宁译 .
—北京：中国科学技术出版社，2020.9

ISBN 978-7-5046-8765-4

I. ①文… II. ①蘒… ②刘… III. ①语言表达－通俗读物
IV. ① H0-49

中国版本图书馆 CIP 数据核字（2020）第 160923 号

策划编辑	申永刚	
责任编辑	申永刚	
封面设计	马筱琨	
版式设计	锋尚设计	
责任校对	邓雪梅	
责任印制	李晓霖	

出　版	中国科学技术出版社	
发　行	中国科学技术出版社有限公司发行部	
地　址	北京市海淀区中关村南大街 16 号	
邮　编	100081	
发行电话	010-62173865	
传　真	010-62173081	
网　址	http://www.cspbooks.com.cn	

开　本	1480mm×2100mm　1/32	
字　数	90 千字	
印　张	6.5	
版　次	2020 年 9 月第 1 版	
印　次	2020 年 9 月第 1 次印刷	
印　刷	北京盛通印刷股份有限公司	
书　号	ISBN 978-7-5046-8765-4/H·85	
定　价	59.00 元	

（凡购买本社图书，如有缺页、倒页、脱页者，本社发行部负责调换）

你拥有"把思想转化成语言"的
能力吗?

海伦·凯勒承受着眼盲、耳聋之苦。

莎莉文老师让缓缓流淌的井水滑过海伦·凯勒的指尖,在她的另一只手上拼写"W-A-T-E-R(水)"这个单词。最开始的时候,海伦·凯勒处于懵懂状态,不知道老师在做什么。

但是,随着老师不厌其烦地重复动作,她恍然大悟:"难道这种东西就是'W-A-T-E-R'吗?"

原来每一种"东西"都有自己的名字。那天,萌发出这个意识的海伦·凯勒在太阳下山之前竟然记住了30个单词。

人在1~2岁，能记住的词语有200个左右，到5岁的时候，可以掌握5000~10000个词语。

但是没有人是不通过自身努力就可以掌握更多词语的。"那个该怎么说呢？""怎么才能用语言把这种心情表达出来呢？""该怎么说才能把自己的想法传达给别人呢？"在不断思考这些问题并试练的过程中，人不知不觉间便掌握了语言。

如果不努力，就只能用诸如"好可爱""糟糕啦""好厉害""把那个拿过来""好微妙"等简单词语来回答。

如果你只与一些从不读书、动辄就只会用"糟糕啦"这类词语来说话的同龄朋友们交往的话，那么你永远也学不会如何梳理自己的想法并传达给别人。

一旦参加了工作，我们不得不与自己年龄相差一轮甚至两轮的人在同一个"战场"齐头并进。

为了能够应对诸如会议、商务谈判、口头演讲、报告书、策划书、汇报、通信联系、商谈等各种各样的场面，最重要的便是拥有"把思想转化成语言"的能力。

本书就是写给那些由于学生时代词汇量不足，以致陷入不会表达的泥淖之中无法自拔的人。

别焦虑，放心吧！在这个世界上这样的人大有人在。不，应该说大半的人都不懂得如何整理自己的思路并运用合适的语言表达出来。

所以，让我们一起来学习本书吧！一切都还来得及。

言归正传，首先请允许我做一下自我介绍。

我已经在一个叫"博报堂"的广告公司就职35年了。

过去我一直从事文案和广告制作工作。最近我成了一名演讲稿撰写人，为公司经理和一些政治家撰写演讲稿。

说到底，我的工作就是要把对某种商品、服务或主题没有兴趣的人吸引过来。另外，我还想在日本国内教授一种"短小精悍、通俗易于理解的表达技巧"。掌握了这种技巧，你便可以将自己的思想传达给下起小学生、上至政治家等各个年龄和阶层的人。

此次，我从以往的经验出发，**为教授那些在"说"和"写"方面感到自卑的人整理了25个行之有效的技巧。**

除此之外，本书的总体思路也是让大家5天就能掌握上述这25个技巧。

换言之，要利用一周的时间（除去周末）来集中学习"思索、总结和传达语言"的方法。

即便如此，也不可能单纯通过这5天的学习就立刻使语言表达能力突飞猛进。接下来，让我们一起来具体看看这5天都学习一些什么知识。

第1天，探明头脑中的知识储备量。

该章节针对那些"词汇使用能力差""大脑一片空白，不能直接用语言表达想法"的人介绍了5种训练方法。这5种训练方法是物理性的，其目的在于唤醒人体中的"懒家伙"——大脑，使其敏捷地工作。

第2天，养成勤于思考的习惯。

要在浑浑噩噩、蹉跎度日的生活中导入培养"思考"能力的训练方法。经常回顾自己的语言和行动，思考"为什么要这么做"，尝试赋予其某种意义、建立某种假说。努力在每一天的生活中增加思考的机会。

第3天，培养逻辑想象的能力。

所谓"逻辑"便是"道理"。大家要通过整理思绪、分条列点、俯瞰全局、举例说明等方式，掌握深入思考的能力。

为达成这一目标，我将会介绍一些"思考模型"。

第4天，锻造真正传达信息的能力。

在这部分，我将会介绍一些不仅易于理解，而且会引起人们同感、动人心弦的技巧。单纯把语言信号传达给对方是远远不够的。只有当人们产生"啊，原来这是我的事啊"的意识，自觉将其当作自己的任务并付诸行动的时候，才可以说这是真正意义上的"传达"。因此，我要传授大家这种可以动员他人的说话方式和表达技巧。

第5天，让语言具有说服力。

在掌握第4天"锻造真正传达信息的能力"方法的基础上，我将教授一些可以让传达效果更具有说服力的办法，比如"具有可信性的列数据法""赋予话语真实性的方法"等。另外，怎么才能够让大家觉得自己是一个值得信赖、值得交往的人从而构建更加和谐的人际关系呢？有些人会深深苦恼于此而不得其法。为了解决这些问题，我将告诉大家5个诀窍。

如果大家通过这5天的学习，能够做到瞬间在脑海中浮现出贴切的语言、厘清自己的思路并传达给对方的话，那么于公于私，你都会赢得大家的信赖与好感。

只要大家掌握了这种"把思想转化成语言的能力"，那么不仅在职场上，而且在各种场合你都可以自信满满地表达自己的观点，从而掌握真正属于自己的人生。

在本书中，主人公山崎大和诸位一样因为不能流畅地表达自己的观点而自卑、苦恼不已。山崎大与就职于广告公司的和田老师通过邮件沟通交流，寻求解决办法，故事也就此慢慢展开。虽然书中有许多叙述和我的职业——"广告"专业相关，但是我所论述的方法绝不只是针对从事广告工作的人，而是适用于日常生活中的许多场合。

大家若对此无异议，那么就邀请我们的主人公——山崎大闪亮登场。

让我们一起向着本书的核心前进吧！

目录

第2天 养成勤于思考的习惯

第3天 培养逻辑想象的能力

第 **4** 天　**锻造真正传达信息的能力**

第5天 让语言具有说服力

山崎大拥有"语言力量"的前夕

故事的主人公山崎大就职于一个食品公司，公司的名字叫作"葛原食品"。3年前他从明蹊大学（虚构的大学）毕业后进入该公司。在最初的时候，他觉得自己就职于这样一个备受青睐的公司，真是上天眷顾、顺风顺水，因此不由得踌躇满志。他一心想着自己是农学专业出身，公司一定会把他安排到研究岗位上。然而万万没想到，在新人培训结束之后，公司竟然把他分配到了"广告宣传局"下属的"广告部"。山崎大一直都是语文差、理科强，而且很不擅长在别人面前表达自己的想法，因此他心心念念的一直是研究岗位。但是事与愿违，饶是如此，山崎大刚一被分配到宣传岗位，就受到了老同事们的热烈欢迎。

办公室里一位女设计师把宣传海报摆在桌子上，问他："山崎大，你说这个宣传海报，是A好呢还是B好呢？"山崎大看了看这两张海报，发现都是冰激凌的特写，只不过A海报上没有勺子，而B海报加上了勺子。虽然山崎大觉得这两者也没什么太大的区别，但还是回答："我个人的看法是B海报更好一些。"这位设计师立马就问："为什么呢?"山崎大每当被提问的时候就会陷入困扰之中，这从他还是孩子的时候就开始了。很多时候他自己并没有什么意见，因此什么也说不出来。即使有一些想要表达的想法，也没办法将其系统地梳理并组织成语言。最后他不得不回答："我也说不好，总觉得更喜欢B的设计，它给人一种看起来很美味的感觉。"听他这样说，那位女设计师顾不得周围的人是否能听到，大声说道："怎么能这么工作呢?"之后便拂袖而去。

不能顺畅表达自己的观点而带来的自卑感

光阴匆匆，眨眼间3年已经过去。山崎大虽然也有些许进步，但是不能顺畅地表达自己的观点所带来的自卑感与日俱增。

还是新人的时候，在公司里只需要亦步亦趋地跟着老同事的步伐走下去就足够了。每天只做一些简单的校正工作、业务联络和其他杂务便可安然度日。但是时至今日，不但每个人都要写新闻公告，而且还要与广告公司和报社交涉，在单位内部会议上发言的情况也越来越多。

换言之，一个人构想、决断、行动的机会在不断增多。因此，老客户或者上司经常会对山崎大说："请陈述一下你的意见吧！"

每当这时候，山崎大要么结论模糊，要么废话太多，要么支支吾吾。所以，他每天都会被大家批评："嗯？我不懂你现在在说什么。"

每天早晨起床的时候，想要从这个工作岗位逃离的冲动阵阵袭来。山崎大每次都在想："这样不行啊！根本和我的专业不对口，如果总是调不到研究岗位的话，那我就跳槽吧！"

每天，山崎大都带着沉重的心情去上班。有一天，山崎大又因为在公司里犯了一个大错误而情绪低落、郁闷不已。而正在这时，他收到了明蹊大学要举办同学会的通知。

山崎大心不在焉地想着："大家现在都过得怎么样呢？是不是也有人像我一样正在考虑跳槽呢？"

此时在山崎大的脑海中浮现出大家曾经一起去农场啃生玉米的场面。回想起过去的日子，山崎大不禁怅然若失，红了眼眶。他毫不犹豫地回复了短信，报名参加同学会。

与和田老师的重逢

同学会是在水道桥的一个酒店里举行的。

在山崎大看来，大家的生活现在都过得春风得意。他不禁意识到好像只有自己是被生活抛弃的那一个。

此时的山崎大再也没有心情融入欢乐的人群中，只能默默地置身于角落里。正在他怅然之际，有人重重地拍了拍他的肩膀。

原来是和田老师，山崎大对他印象很深刻。因为农学系出身的山崎大在大学阶段唯一上过的关于广告的课程就是和田老师开设的。

　　和田老师不是明蹊大学的教授，而是学校从广告公司请来的特聘教师，主讲"广告与语言"课程。因为是通识课程，所以尽管山崎大是农学系的学生，但是仍然可以来上这门课。

　　和田先生对山崎大说："我记得你是农学系的吧？农学专业出身但是却来上广告学课程的学生真的是十分少见。而且你的结课论文写得相当有趣。"

　　山崎大听闻和田老师的话，连忙说："和田老师您好，我叫山崎大。您能记得我，我真是太荣幸了。我的结课论文有趣吗？不，我现在对写文章十分发怵。我明明是农学系毕业，但是却被分配到了广告部。"

　　之后，山崎大将所有的烦恼一吐为快：绞尽脑汁地思考但是仍然组织不出语言；每次被人提问的时候，大脑就一片空白；面临需要个人做出决断的情况便缩手缩脚；经常被别人说"我不懂你在说什么"……凡此种种，都在不断加深山崎大对自己的厌恶感。

　　山崎大只选过和田老师的这门课。但是却在这位交情不深的老师面前痛哭流涕，将平日里忍受的种种委屈一股脑地宣泄出来。

找回大脑中的原有词汇只需5天

　　和田老师不做声响地看着山崎大一会儿抱怨不已，一会儿说丧气话。等他说完，和田老师对他说："山崎大，实际上有很多人和你拥有一样的烦恼。每年都会有许许多多像你一样因为同样问题而抱怨不已、垂头丧气的学生来找我。他们总是向我抱怨自己进入社会以后，发现别人不能很好地理解自己说的话，自己的感想、意见和判断也不能很好地转化成语言表达出来。在这里，我有一个小小的提议。实际上，我每年也都会定期只向一名有这种想法的学生提供'强化语言表达能力'的建议。当然，这绝非单纯出于我的恻隐之心。因为对于一名在广告公司工作的人而言，了解现在的年轻人因为什么事情而烦恼、如何解决这种烦恼是一个非常重要的信息源。特别是像你这样理工科出身、一开始就不擅长书写和口头表达的学生，在我这里是特别受欢迎的。你觉得怎么样呢？你可以通过邮件和我沟通，倾诉你的烦恼。我会回复你相关建议。但是你必须要按照我的建议去做。如果你没有付诸行动的话，那就当我什么都没说。'言行一致'也是一种非常重要的学习啊！至于时间嘛，5天就足够了。拼搏5天的话，小孩子们就会做'单杠翻转上杠'，也能学会骑自行车。拼命努力5天的话，不会游泳的小孩也能游25米了。你觉得怎么样？要不要试试看呢？"

从这以后，山崎大与和田老师的故事正式拉开帷幕。

最能让人成长的东西便是邂逅。这次重逢成为日后山崎大打磨表述语言、改变表达方式，逐渐变得成熟且能够独当一面的契机。

那么，故事就要开始了。大家做好准备吧！

诸位也一起享受这为期5天的语言之旅吧！

主要的出场人物

山崎大

从业3年，就职于葛原食品公司广告部。山崎大因为不能流畅地表达自己的观点而感到自卑。他每天都会被上司和客户抱怨："啊？你到底想要表达什么意思？"为此已经自信全无。

和田先生

就职于广告公司，同时在大学里教授"广告与语言"相关的课程。因为他总是能够给出许多切实可行的建议，所以很多学生都来找他诉说烦恼，寻求帮助。

出井经理

葛原食品公司广告部经理。出井经理培养得力干将的意识很强，他时刻关注着办公室成员的成长和变化，被称为"操心达人"，同时也是一名有教养的绅士。

版田千寻

宣传部的"首席王牌"，也是山崎大的直属上司。版田千寻对待工作一丝不苟，令人甘拜下风，但一定程度上也会使人敬而远之。

探明头脑中的
知识储备量

　　想不出切实的语言来表达想法，是因为你的大脑已经变成"懒惰的大脑"。在这里，我将针对"词汇使用能力不足""大脑一片空白，不能马上脱口而出"的人，介绍5种可以使大脑活跃的基础训练方法。

问题1　思绪不能瞬间转化为语言

收件人　和田老师

主　题　思绪不能瞬间转化为语言

　　和田老师，您好。承蒙您不嫌弃，恕我冒昧打扰。

　　我不擅长写文章，经常错误使用敬语和各类助词。如若有失礼之处，还请您海涵。

　　目前我存在的主要问题是，每当被问及一些事情时，即使我十分清楚自己要回答什么，但是脑海里始终无法浮现出合适的语言来表达。总感觉储存在自己大脑里的词汇量要比别人少得多。并且即便我从现在开始读书，也没办法快速掌握这些词汇。我实在是摸不清到底该从哪里着手。如果要把想到的事情瞬间转化成语言，首先应该从何做起呢？请您从最基础的地方开始教我吧！

方法1 | 尝试30秒内说出10个事物的名字

山崎大，早上好。我已经了解你在邮件里所提到的词汇量比别人少的情况。可以称作"词汇贫困户"。

既然这样，那么我们就来做一个小测试吧。

30秒内大声说出10个图形的名字

那我们就开始啦。最重要的是一定要发出声音。只在脑子里想是不行的，一定要发声。那么，请开始吧。

（30秒过后）

完成得怎么样呢？你是理工科出身，图形的名字对你来讲很简单吧。

大体上有等边三角形、等腰三角形、直角三角形、正方形、长方形、平行四边形、梯形、圆、椭圆等。

山崎大，你在说的过程中停顿了几次呢？即便是在小学就学过的东西到现在也不能流畅地说出来。但是，我知道这绝非是因为你对这些事物不了解而造成的。

只是因为这些词语在你脑海中无法快速浮现。

当然，这并不是说你脑海里没有这些词语。

只是现在那些图形名称不会迅速顺畅地浮现在大脑中。那些传输进大脑的词语就像受潮的烟花一样，不能"啪"的一下迸发出光亮。

山崎大，你可能会觉得记忆的构造就像是在大脑里放置了许许多多的杂物柜一样。

其实语言不是可以被整理的东西，而应该是当你想要用它的时候，会在你的脑海里像烟花瞬间绽放，"啪"的一下浮现出"等腰三角形"这样的词语。

我希望你能树立这样的认知：所谓的流畅表达，就是语言能像照亮漆黑夜空的烟花一样，一下子升到大脑的"上空"。

那么，怎么做才能在脑海里绽放语言的"烟花"呢？那就是刚刚提到的训练方法——30秒内说出10个事物的名字。

"30秒内说出10种花的名字""30秒内说出10个欧洲城市的名字""30秒内说出10个畅销书的作家名字"……无论是

什么都好，只需反复进行在短时间内"瞬间浮现"事物名字的练习，一定要大声说出来。

在不断练习的过程中，本来已经"因为受潮而无法点着的语言烟花"会再次升到大脑的"上空"。这绝对不是在撒谎。

我希望你无论是上下班途中也好，还是泡澡的时候也好，都毫不懈怠地去练习。

山崎大，请这样做，好吗？如果要成为小说家或者学者，那另当别论。如果只是一些在工作和日常对话中使用到的词语的话，你应该知道很多吧。

怎么也想不出这些词语，是因为你没有将其大声说出来。在脑海中浮现继而又消失的语言不算是语言，那只是"受潮的烟花"。

要在短时间内"激活"大脑，使语言的"烟花"绽放。通过这样做来训练已经犯懒的大脑的话，一定会让语言重新回归大脑的。

来尝试做做看吧!

要点 大声说出浮现在脑海中的事物的名字，脑海中会绽放出语言的"烟花"。

问题2 只会用"糟糕啦""好棒呀""真有趣"这类词语回答问题

收件人	和田老师

主 题	只会用"糟糕啦""好棒呀""真有趣"这类词语回答问题

和田老师，您好。感谢您这么快回复我的邮件。

您讲的在脑海里绽放语言的"烟花"，是一个多么形象的比喻啊！这真的令我眼前一亮、印象深刻。我也按照您说的办法，尝试反复练习在30秒内说出10个单词。之后我感觉自己懈怠的大脑开始变得充满活力。

但是，仔细想来，我存在的问题不单是脑海中装着一些"因为受潮而无法点燃的语言烟花"。实际上，我的大脑中充斥着诸如"糟糕啦""真烦人""总觉得""好的""真讨厌"等这类毫无营养的词语。因为思考是一件很麻烦的事，索性就经常使用这些相同的词语。总是用这一些词语回答所有问题，并且没办法改正这个毛病。我到底该怎么办才好呢？

方法2 | 果断删除脑海中的形容词

前些日子，我在学校食堂里听到了3位女学生的对话。她们正在说一位不在场的人的坏话。当然了这不是什么值得夸奖的事情。我们暂且先不讨论这个问题，只是谈谈我听到的内容。"那家伙，臭烘烘的！""看起来令人作呕！""就是，那家伙真是一个糟糕的人"在短短的几句对话中，这3位同学始终将"真讨厌"这个词语挂在嘴边。

我愤怒于她们语言的肮脏和幼稚。

但是，这不是我们现在讨论的重点。

"臭烘烘的""令人作呕""糟糕的"这些词都是形容词。虽然"真讨厌"是一个形容动词○，但是也可以归于形容词之列。

○ 日语中广义上的形容词包括"形容词"和"形容动词"。两者的区别在于词尾的不同，从意义上来讲没有区别，都可以用来形容事物的属性或人的感情。——译者注现在再回过头来去看"形容词"，发现它的作用只是将名词解释得更为通俗易懂而增加某种信息而已。

例如，假设现在有一个词语——橘子。我们可以使用"美味的""酸的""个头大的""圆圆的""重的"等，来给它增加很多信息。

换句话说，假定这3位女孩子共同讨厌的人叫作A。她们也只是使用"臭烘烘的""令人作呕""糟糕的"这些形容词来给A增加一些诋毁信息，并以此取乐而已。

看起来她们口若悬河，但是这一切都是建立在A是她们的"共同敌人"的基础之上的。如果没有A这个人，那么她们将哑口无言。

不再拿形容词做"救命稻草"，才能发现事物的本质

山崎大，实际上你的大脑和我刚刚说的那3位女学生的没什么太大的差别。

例如，你吃东西的时候会说"好美味"，碰到自己讨厌的人会说"真烦人"，遇到繁杂的工作会说"真麻烦"等，只会

用形容词来描述自己的感受。好像只要这样，自己就是在表达自己的思想。实际上这只是被动的表现，是对所发生的事情做出一种反应而已。

那么，我们就开始第2个训练吧!

吃东西的时候，请不要再使用"好美味"这个词。当然，也不要使用"真棒啊"这样的词。

吃橘子的时候，也不要单纯使用"好美味"这个词来表达自己的感受，而应该认真考虑"为什么会感到好吃""如何好吃""吃下去的时候自己是什么样的心情"等问题，之后把这些想法转化为语言表达出来。

换言之，不再只说"这个橘子好美味啊"，而是应该考虑说"柑橘类特有的香气会让人心情放松""我觉得橘子富含维生素C，可以帮助我们预防感冒""指尖被橘子染得黄黄的，想起了儿时吃好多好多橘子的情景"等话语。

懒惰的大脑原本打算用"美味的""漂亮的""可爱的"这些形容词来敷衍了事。今天我们就果断与这些说再见吧!

如何才能想出形容词之外的语言呢? 以下有3个秘诀:

（1）使用五感，即听觉、味觉、视觉、嗅觉和触觉来表现。
例如，假设你去看了恐怖电影之后，不由地想说"太有趣了"

或者"太棒了"。这时要立刻忍住这样的表达欲望，而去使用"鸡皮疙瘩都起来了""觉得自己头发都竖起来了""吓得差点哭出来"等一些表达方式来描述自己的感受。

（2）通过描述第三者的反应来表达自己的感受。例如，看完恐怖电影之后，你可以说："我的女朋友害怕到一直不敢睁开眼睛。"

（3）从自己的以往生活和回忆中寻找辅助表达的素材。例如，看完恐怖电影之后，你可以说："这部电影的恐怖程度在我看过的所有电影中可以进入前3名了。"

在反复进行这种训练后，你自然而然地就学会思考了。最为重要的是一定要下决心不再使用形容词。那么，试着做做看吧！

> **要点** 学会从自己的五感、他人的反应以及自己以往的生活和记忆开始表达感受。

问题3　单词（点）无法连成句子（线）

收件人　和田老师

主　题　单词（点）无法连成句子（线）

和田老师，您好。感谢您的回复。

您教给我的"尝试30秒内想出10个事物的名字""表述时不使用形容词"这两个方法，我都认真学习了。之后，我也迅速着手练习，但是总觉得进行得不是很顺利。

的确，通过训练，我的脑海里会浮现出比如"等腰三角形""维生素C"这样的词汇。但是也仅仅如此。我的脑海中会"噼里啪啦"地蹦出很多单词，但是却组成不了句子。

不只局限于单词，有没有可以让脑海中不停地浮现出句子的诀窍呢？老师，请您教给我吧！

方法3 | "实况转播"
眼前看到的事物

啊，原来是"脑海中浮现的单词不能组成句子"这个问题啊。

你提出了一个很值得探讨的问题。实际上，对于很多已经能够在脑海中浮现出许多单词的人来讲，这是下一个关卡。

从单词到句子，这和婴儿的语言能力发育过程是一样的。不要过于担心了。实际上，你现在就已经一步一步地踏上流畅表达的"路途"了。那么，接下来就努力把点（单词）连接成线（句子）吧！

虽然有些突然，但我们还是举个关于奥林匹克运动会的例子吧。

1964年奥林匹克运动会在东京举办。

我们观看保存下来的录像，能看到在万里无云的蓝天之下，开幕式如火如荼地举行。说实话，那之前的几天一直受到台风的影响，东京阴雨绵绵。日本举国上下都在担心奥林匹克运动会将受到影响。

正是因为天气忽然变得风和日丽，原NHK广播员本出清五郎在广播的时候才对着麦克风说："秋高气爽，风和日丽。仿佛全世界的晴空都汇聚到了东京，预示着在日本国立体育馆里一定会迎来精彩绝伦的赛事！"

多么棒的解说词啊！我觉得没有哪个实况转播可以做到这样。

看到某个场景，如何用语言把它描述出来呢？其实，像"东京—箱根马拉松接力赛"、"世界杯"足球赛、橄榄球联合赛、棒球赛或者相扑比赛等都可以成为用于学习的素材。

山崎大，请你在观看运动比赛的时候关注一下广播员的实况转播。因为他们能够用十分得体的语言来描述眼前的场景。这对你大有裨益。

"实况转播"所有的事物

你可能会说："那些都太高深了。就算是看了也没有什么可借鉴之处啊！"的确如此。

但是在自学的时候有一个榜样，难道不是很棒吗？所以山崎大，你就先按照我下面讲的那样去试着做做看吧！

坐电车的时候，就像广播员一样在脑海中"实况转播"映在车窗上的景色。

"傍晚来临了。可以看到许多辉映着晚霞的茶色屋顶。"

这种程度的描述就足够了。

为什么这么说呢，因为这样你就可以把词语组成你所说的"不擅长的句子"。

"从单词到句子"的诀窍就是自己"实况转播"遇见的种种情景。

我们再进一步，尝试"实况转播"你们公司制作的海报。

例如，可以这样描述："冰激凌闪烁着诱人的光泽。勺子的一半斜插在冰激凌里面。可以清楚地看见明星的笑脸。"

比起心不在焉地看，这样做更有利于加深你对海报的理解。

如果眼前摆放A和B两个方案，那么就试着把这两个都进行"实况转播"。这样的话，两个海报的区别就变成"实况"显现出来。

如果能够充分了解两种方案的不同，那么即便是有人忽然问你一些问题，你也可以有底气地回答："我觉得加入勺子的B海报要更好一些。"

先做这些就足够了。目前你的水平只处于回答"我个人觉得B方案更好一些"的程度。你能做到这样就已经算是一个很大的进步啦！

那么，试着做做看吧！

要点 ❭ 说出眼前看到的事物，连词成句。

作者的总结 ❶

现在，我们来看一下对以上3个方法的总结。

到目前为止，山崎大已经从和田老师那里学习到了3个方法。

（1）尝试30秒内说出10个事物的名字。

（2）果断删除脑海中的形容词。

（3）"实况转播"眼前看到的事物。

虽然第1天才刚刚开始，但是任务量的确很大。一会儿一个"试着做做看吧"，大家会不会认为这样做太不合乎情理了呢？会不会觉得"题海战术"是毫无意义的呢？但是我很理解和田老师的心情。因为我曾经买过好多本"技巧书"，但是从没掌握书中所讲的技巧。

通常情况下，"技巧书"都是基于作者的经验编写出来的。这些经验对作者本人而言大有裨益，但是未必"放之四海而皆准"。大多数情况下，读者只是局限于了解好的方法，而不会付诸实际行动。

和田老师并不满足于这种如同喝下清凉饮料般"蜻蜓点水"式的效果。

山崎大一直在抱怨自己的大脑是"词汇贫困户"。为此，第1天就确定了让词汇回归大脑的基础训练方案。这可以说是大脑的"肌肉锻炼"，就像是重新唤醒那个曾为了迎接高中和大学阶段考试而高度集中的大脑。

和田老师就是想让山崎大重新唤醒那个时候敏锐的大脑，所以才提供了这样一份包含各种各样训练方法的清单。

无论大家从这份清单中的哪一项开始做起都是可以的。

乘坐电车的时候，可以进行"实况转播"；和别人交谈的时候，可以练习"不使用形容词"的表达方式；在空闲的时候，可以进行"30秒内说出10个事物的名字"的训练。根据TPO（Time，时间；Place，地点；Occasion，场合）来确定训练项目。不要偷懒，要通过思考、说话和"实况转播"来减掉大脑中"松松软软的赘肉"。

为了把山崎大训练成为"语言运动员"而设计的清单仍在不断更新，让我们拭目以待吧！

问题4　从根本上讲，词汇量极其少

收件人　和田老师

主　题　从根本上讲，词汇量极其少

　　和田老师，您好。在您百忙之中还一直发邮件打扰您，真是十分抱歉。

　　我每天从早晨开始，只要一有空闲时间就反复进行"30秒内说出10个事物的名字""不使用形容词的表达方式"和"实况转播"这3项练习。但是，越训练我就越是意识到自己掌握的词汇量少得可怜。

　　与老师您不同，我是理科出身，就连最基本的词汇都掌握得很少。因为我记住的单词很少，所以也就想不出什么单词来。

　　老师，有没有什么记单词的诀窍或者可以提高熟记能力的方法呢？请您教授给我吧！

方法4 | 用掌握的词汇与"镜中的自己"交流

"没有记住单词，就想不出来"。的确，你说得很对，这有一种旁白的感觉。但是不必担心，请你大胆地向前进吧！

这次你想学习的是提高熟记能力的方法，对吧？那么，就赶紧去准备一面可以放在电脑一侧的镜子吧。

熟记的时候最忌讳的就是干坐在那里，闭着眼睛，嘴里一边像念经一样"嗡嗡"地嘟囔，一边熟记。这样的话，你只是在跟自己对话而已。只有在想要"教别人"的时候，"熟记"才会真正发挥威力。

这个时候就需要一面镜子。我希望你能在电脑的一边放置一面镜子。这面镜子最好能够映出脸上的全部表情。之后，请你给镜中的自己讲述你所记住的事情。另外，你要在讲述的时候加上肢体语言和手势，虽然为此你可能会被周围的人看作怪人，但是我还是希望你能这么做。

"那么，我就复习一下日本东北地区各县县厅[○]所在地吧！岩手县的县厅在盛冈市，宫城县的县厅在仙台市。只有这两个地方的县名和县厅所在市的名称不一样。除此之外的6个县的情况分别是：青森县的县厅在青森市，秋田县的县厅在秋田市，山形县的县厅在山形市，福岛县的县厅在福岛市。你看，多么简单啊！只需要注意岩手和宫城两个县就好了。"

要一边查阅地图一边描述。这样，注视镜子的话不会闭上眼睛，也不会变得困倦。开始的时候可能会有些难为情，但却是非常有效的办法。某位学生曾告诉我这个办法是从某个有名的女子学校流传开的。山崎大，你也尝试去做做看。

在家的时候，要调动全身来记忆。**就把自己当作站在讲台上的老师，扯开嗓门，加大身体动作幅度，一边不停地提醒自己"这里很重要"，一边讲述。此时的这种心情与其叫作"记"，不如叫作"教"**。这是最为关键的。

○　省会所在地；在行政区划中，日本的"县"相当于中国的"省"。——译者注

培养熟记的习惯

山崎大，你能说出所有的"天干地支"吗？能按顺序说出占星术中的星座吗？记得《万叶集》的和歌吗？能写出多少个"鱼字旁"的汉字呢？

我并不是要挑衅你。即便你现在不知道那些知识，写不出那些汉字也没有关系。**但是我希望从今天开始，你能每天都熟记一个。无论熟记什么都没有关系，要给大脑传递一种"今天千万不能偷懒，还有要熟记的东西"的信号。这是十分重要的。**

从我开始努力记住日本著名文学作品中的第一行开始，就实实在在地感觉到自己可以顺畅地写文章了。

例如，《金阁寺》（三岛由纪夫）的第一句话："我幼年时代，父亲常常同我讲金阁的故事。"再如，《蟹工船》的第一句话："喂！这可是下地狱哟！"

坚持每天这样记忆的话，"记忆大脑"就会干劲十足地运转起来。培养熟记的习惯吧！

最后再稍微多说一点，就是眼睛的动作。前面已经说过，在熟记的时候千万不能闭上眼睛，只盯着一点看也不好，最好能上下左右移动眼球，这样可以一边获取足够的数据信息，一边达到记忆的目的。

我们继续扩展这种"视觉信息+记忆"的方法的话，还可以尝试把想要记住的东西写在便利贴上，然后贴在屋子里。例如，在冰箱上贴上"仙台"，在厕所门上贴上"盛冈"。这样的话，你就可以一边看着这些布置，一边记忆了。当然，提高熟记能力的方法还有很多。你自己要想方设法、开动脑筋地去付诸实践！

不过首先还是要在桌子上放置一面镜子。山崎大，快去练习吧！

要点 熟记的诀窍在于大幅度的身体动作、手势，以及一边不停地提醒自己注意重点一边讲述。

问题5　有没有单纯高效地记忆必要事情的方法

收件人　和田老师

主　题　有没有单纯高效地记忆必要事情的方法

　　和田老师，您好。您教给我的熟记方法令我受益匪浅。想起来，最后一次单纯想要记忆一些什么东西是在准备大学入学考试的时候。现在只要有一部手机就什么都能查出来，所以不再去熟记什么了。不过接下来我会努力的。

　　但是，我还有一些问题要向您请教。虽然我在努力熟记城市名称，但是这对会议和日常对话而言并没有什么立即显现的效果。我个人觉得，就记忆而言，最重要的是高效率地熟记那些重要的点，然后能够在现实生活中活学活用。

　　如果有什么实用且高效的"轻松记忆法"，请老师不吝赐教。

方法5 | 获取某种信息后只保留3种

　　的确，如果只单纯提高记忆能力的话，那么最后也只会成为一个"擅长记忆的人"。下面，我就教给你刚才所说的实用且高效的"轻松记忆法"吧。

　　这个方法是小学生提高成绩的办法，很具有戏剧性，也十分质朴、纯粹。

　　"在课程结束的时候，要记住今天学到的3个知识点。"

　　丝毫不拖泥带水地把刚刚学到的知识概括为3个要点。这样的话，学到的知识就会固定在大脑中。日积月累，成绩自然会逐渐提高。

　　我们同样可以把这种方法应用到工作当中。

　　在会议结束的时候，认真思考"在刚才的会议中都讨论了些什么"，并把这些信息总结为3点。如果会议上通过了

什么决议，也把它总结为3点。 如果只归纳为1点或者2点的话，不能覆盖会议整体内容，所以总结为3点会比较好。如果总结的点太多的话，可能不利于全部记住，所以要在笔记本上麻利地写下这3个总结出来的要点。

把会议的内容总结为3点并牢记，这样在下次开会的时候，你就可以发言说："上次会议有以下3个重点。"这是十分有效的。

也要记住别人所说内容的3个要点

在听别人讲话的时候，这是一个非常有效的做法。在会议上听别人发言的时候，如果没头没脑地乱记一通，估计之后也不会再回头看吧。

一边思考这个发言人想要表达什么，一边总结出他讲话的3个重点。

如果有机会向这位讲话的人提问或者交谈的话，那么请试着用你总结出来的3个关键点去交流。

这样的话，那个人一定会觉得："啊，原来山崎大那么认真地听我讲话啊!"为此他内心也会很感激你。

无论是做演讲还是做报告,只要是听到别人在讲话,就请试着努力总结出3个要点。这样,你就可以拥有一直期盼获得的"对实践有用的熟记能力"。

重要的是选择出哪3个要点。我从学生时代就开始采用这种"3个要点记忆法"。

选出来的3个要点,一般都是老师说"这里是重点"的地方。这些地方应该认真记住。**另外,当别人使用诸如"总之""结论是""我想说的是"等一些常用来提示总结归纳意见的单词或短语时,这些单词或短语之后的表述往往就是要点所在。**一旦你听到了这些词,就抓紧时间做笔记。

另外,在上课和开会时别人反复挂在嘴边的话、发言人大声强调的部分以及大家争辩的地方都值得特别注意。在笔记本的边缘,写下你重点留意的单词。

例如,假设召开了一个研究仓库迁移地址的会议。

主张迁移至千叶县幕张市的一派和主张迁移至埼玉县所泽市的一派几番商议不下,争论不休。

主张迁移至千叶县幕张市的一派给出的理由是那里离大海比较近,而主张迁移至埼玉县所泽市的一派则认为找一处便于职工上下班的地方更重要。

假如你听到了这样的争论，那么就可以在做笔记的时候首先记下"迁移地址""大海""职工上下班"等**这些成为讨论焦点的关键词**，只记下单词就好了。

之后就马上把这3个词拓展为一段话："上次我们就仓库的**迁移地址**进行了讨论。主张迁移至千叶县幕张市的各位同事强调了该方案的优点——可以有效利用**海路**；而主张迁移至埼玉县所泽市的各位同事则强调了**职工上下班的便利性**。"

如果一直只停留在单词程度的话，过段时间就会忘记当时写的是什么内容。而解决这个问题的技巧就在于迅速把这些单词拓展成为一段话。

那么，尝试做做看吧！

要点 选出3个单词，拓展成为一段话。

作者的总结 ❷

第1天的训练结束了。

山崎大从和田老师那里学到了"30秒内说出10个事物的名字""果断删除脑海中的形容词""'实况转播'眼前看到的事物"这几种方法。这些方法主要用来找回记忆深处隐藏的词汇。之后又学习了"在给自己讲解的过程中熟记"和"总结出3个讲话的要点"这两种用于熟记的办法。这些办法的目的都是要把语言填充进"缺乏词汇的大脑"。而在使用这些方法的日常过程中,山崎大也逐渐感觉到自己不仅可以慢慢地回想起那些曾经遗忘在"角落"里的词汇,而且还记住了许多新的单词。

在这一天中,和田老师持续不断地给山崎大的大脑以"回忆、记忆、回忆、记忆、回忆、记忆"这样的刺激。

大脑是个懒家伙,总是想着偷懒耍滑。

所以当"绝了"这个词可以用来代替"美味的""帅气的""危险的"这些单词的时候,大脑会欣喜若狂。之后无论在什么时候，大脑都只会蹦出"绝了"这个词。

同理，如果让你列举表示图形的单词时，一直只回答"圆""三角形""四边形"来敷衍了事的话，那么像"直角三角形""平行四边形""梯形"这类单词就只能被遗忘在大脑的某个角落里。

记忆也落得清闲，于是也开始投机取巧了。如果有可能的话，甚至它都懒得记别人的名字。当我们有意识地喊出某个名字或者尝试努力与人攀谈时，就不得不向大脑发出"必须要记住这个名字"的信号。

但即便是大脑变得如此懒惰，有时候也会变成"劳模"。例如，当你遇到喜欢的人，无意识中你就悄然记住这个人的名字、住所和生日。换言之，只要是碰到自己关心或者充满好奇的事情，大脑就会不遗余力地发挥自己的特长。

如果你不心甘情愿地按照和田老师所教的方法去做，那么大脑这个懒家伙仍旧不会好好工作。只有每天变着花样地去尝试这些方法，才能彻底打败大脑的懒惰，使之储存丰富的词汇。

请大家不懈怠、不气馁，永葆激情地操练下去，哪怕在这许许多多的方法中学到一样也是有价值的。请大家自行掌握适合自己的方法吧！

第 **2** 天

养成勤于
思考的习惯

所谓"养成勤于思考的习惯",指的是我们要能把杂乱无章的大脑整理得井井有条。

灵活运用"站在别人的角度思考问题""多问'为什么'""设定限制""建立假说""个人头脑风暴法"等方法,从被问"你到底想要说什么"的尴尬中解放出来。

问题6　经常被大家批判："这是你自以为是的想法。"

收件人　和田老师

主　题　经常被大家批判："这是你自以为是的想法。"

　　和田老师，您好。我要开始第2天的学习了，还请您继续关照。

　　虽然有些难以启齿，但事实上我确实没有养成思考的习惯。当然我也并非遇到任何问题都不加以考虑，大脑中还是会有诸如"这是正确答案""可以这样解决"等想法。

　　但是每当我表述这些想法的时候，总是会被大家说："这也太自以为是了吧！"有时也会被批判思考得太过于狭隘。老师，我想养成从开阔的格局去思考事物的习惯。我该怎么做呢？

方法6 | 养成"站在别人的角度思考问题"的习惯

　　山崎大，早上好。的确，思考是一件十分困难的事情。哪怕自己已经竭尽全力地去思考了，最终的结果也极有可能会被大家说："这是基于你个人生活环境、知识面和教育程度考虑之后得出的结论吧！"甚至大家会觉得你的意见太过于片面和自以为是了。

　　很好。既然这样，那么在第2天我就教你养成思考习惯的简易方法。这也是我们进行深度逻辑思考的准备阶段。

　　首先要"站在别人的角度思考问题"。通过这个训练方法，你可以从"自以为是的想法"中摆脱出来。接下来我要结合小趣闻来介绍这个方法。

　　这是我刚刚从事广告制作时候的事情。

在"企划案竞赛"前夕，广告稿撰写人和策划人为了想出好的创意而焦头烂额。这时，总揽全局的创意总监说："如果是除我之外的创意总监在负责这件事，他会考虑哪些呢？"

这虽然是一句用来缓解紧张气氛的闲话，但是大家都开始尝试站在别人的角度来思考问题。

"甲先生总是说'对公司内部有效果就是对消费者有效果'。而且考虑到对方公司高昂的士气也很重要。"

"乙先生总是说'广告越易于理解越好'。咱们想出来的这些方案可能有些过于复杂了。"

"这么说的话，丙先生也说过'引人注意的宣传语最好不要附上图片'。否则，图片会抹杀宣传语的效果。"

大家你一句我一句，一个接一个的想法闪现而出。当然，最后的结果就是我们赢得了这次"企划案竞赛"。

站在别人的角度思考问题，可以拓宽言路、开阔视野。

如果只是一个人闷头苦想的话，那么就会受限于自己的知识储备、生活经验、个人好恶等因素，最后的结果就是得出一个"自以为是"的结论。

"站在别人的角度思考问题"的目的就是要做到能够从异于自己的观点来多角度地观察事物。

现在我们假设你（山崎大）被安排做新年晚会的总干事。而你十分擅长打保龄球，却最害怕唱卡拉OK。所以，从你个人的角度来考虑的话，你可能会觉得如果组织一场"保龄球大赛"，那么大家一定会很开心。

但是从总经理的立场上来考虑的话，他可能会觉得：如果举行保龄球比赛的话，有可能大家到不齐，那么为此准备的游戏也泡汤了，根本起不到团队建设的作用。之后开展业务工作会很难。

而女性职员可能会对打分类的竞技活动一点儿都不感兴趣。

如果能够这样站在别人的立场上思考问题的话，那么你一定能够组织出一场大家都很喜欢的新年晚会。

优秀的营销人员总是说："要考虑到对方将来的将来。"我们与对方交流不能只满足于说服眼前的客户，而是要做到能让客户可以简单明了地向他们的上司汇报我们沟通的内容。

这其实也是站在客户的角度思考从而衍生出的一个诀窍。

通过"站在别人的角度思考问题",可以开阔视野,拥有更多观察事物的视点。这是可以应对一切的技巧。那么,尝试做做看吧!

> **要点** 当你有了"如果是那个人的话,一定会这么考虑吧"这样的思维时,你的视野就变得宽阔起来。

问题7　一被问到"为什么"时就张口结舌

收件人　和田老师

主　题　一被问到"为什么"时就张口结舌

　　和田老师，您好。感谢您的回复。我在看到您讲的"站在别人的角度思考问题"后如醍醐灌顶。

　　但是今天又发生了一件事，深深地打击了我。我在客户的店里帮忙摆放我们公司的调味料。

　　看到我的摆放方式，客户忽然问道："为什么要这么摆放呢？"我一时语塞，只能回答说："因为我觉得这么摆放比较好。"听到我的回答，客户一下绷紧了面孔。

　　明明自己经过深思熟虑之后才付诸行动，但是我不知道怎么向对方讲述清楚，所以也会丧失别人对自己的信任。我真的很想知道如何才能在别人问自己"为什么这么做"的时候流畅地回答。

| 方法7 | 尝试为日常生活中每一件漫不经心的小事寻找理由 |

山崎大，当别人问你"为什么要这么做"的时候，你张口结舌、无言以对，其实解释这个现象很简单，那是因为你在日常生活中从未培养思考"为什么要这么做"的思维方式。

现在问你一个问题："山崎大今天午饭打算吃什么呢？"

我们假设你要到公司附近的一家拉面店去吃面。可能你会想："虽然这家店有些拥挤，但是他家的拉面真的非常美味！"

但是，单是这样的考虑是不够的。要尝试发声解释"为什么想吃拉面"的理由。

"因为气温骤降，想吃一些暖和的食物""前些日子的体检结果挺好的。想要补充今日份的碳水化合物""因为在早晨看到了关于拉面的特别节目"等。如果认真思考的话，你会发现其实有很多理由。

希望你能思考再思考，然后把这些理由一个一个地说出来。

山崎大，你觉得这么做如何呢？**行为的源头在于大脑。你的所有行动其实都是在执行大脑的命令。**

所以，你要认真思考大脑究竟发出了什么样的命令才会让你有现在的行为。这一点至关重要。这是指挥你自己最便捷的途径。

就拿今天的事情来说，你在摆放公司展品的时候，就应该考虑这样做的理由。例如，"这么摆放有利于客人拿取""这样摆放的话，小孩子不会碰碎或摔坏这些展品"或者"为了能够让客人无论站在哪个角落都能看到这些展品"等。这就是行为的源头。

今后，请尝试一边工作，一边说出这些你在无意识间想出的各种理由："为了方便客人拿取""为了不让小孩子碰碎或摔坏展品"等。

自己一边复述大脑发出的命令一边行动。如果提前做好这些功课，那么当别人问你为什么这么做的时候，你就能够

立刻回答他"因为……所以……"。久而久之就会养成即问即
答的习惯。

在反复这样做的过程中，你会逐渐形成一种"会讲述理由"的大脑机制。

作为一名年轻人，一定会经常被训斥："你为什么要这么做？！"为了日后能够面不改色、临危不惧地应对这些斥责，我希望你能养成一边口述行为理由一边展开行动的好习惯。

思考时把主语转换成为"第三人称"

在思考自己行为的时候还有一个方法，那就是"把主语从第一人称'我'向第三人称转变"。这样做的话，可以和"自己"拉开一定的距离，继而能够客观看待事物。通过这个办法可以掌握思考能力。

在第1天的时候，我们练习了"实况转播"。我们只使用这个办法，以第三人称的语气去描述自己所有的行为就可以了。

"摆放展品的时候，他立马觉得会有很多家长带孩子来超市。为了让这些展品不被小孩子碰倒，他决定在最后一层增加摆放调味品的数量。除此之外，他认为如果从卖肉摊位看向这边的话，会出现视觉盲区，所以决定在朝着卖肉摊位的方向贴上宣传海报。"

如果事先这样"实况转播"一遍的话，**即使被突然问到也可以明确且冷静地应答。通过以第三人称的语气去描述自己的行为可以拉开一定距离，增加描述的客观实在性，从而赋予理由更多的说服力。**

那么，请尝试以第三人称的语气去解释自己的行为吧！

要点 ⎰ 在描述自己心中所想时，要学会用"因为……所以……"的方式进行说明。

问题8 与人交流时经常搞不懂自己究竟要传达什么信息

收件人 和田老师

主 题 与人交流时经常搞不懂自己究竟要传达什么信息

　　和田老师，您好。受到老师的"诱导"，最终午饭选择了吃拉面（笑）。

　　之前总是被同事说："你并非笨嘴拙舌的人，只不过话太长了。说着说着，我就不知道你在说什么了。你自己也不明白自己在说什么吧?"的确，我一旦开口说话就停不下来。

　　我笨嘴拙舌，同时我的废话又太多，说话颠三倒四，一发不可收拾。老师，请您告诉我如何才能干净利落、简单迅速地把必要的事情表述出来呢?

方法8 | 说话时要有"牢牢抓住
重点"的意识，明确
要点、整理思路

在我教的学生中有许多像你这样的孩子。

我一直觉得他们是沉默寡言的孩子，忽然之间说起话来
却如同决堤之水，滔滔不绝。可能他们是想把事情全部都说
明白，但结果却是说话颠三倒四，内容也七零八落，最后一
发不可收拾。其实这也是"笨嘴拙舌"的一种表现。

我希望你在脑海中构想出这样的场景：你一不小心把放
置在架子上的拼图弄掉了。其中一个是"清水寺"图案，另
一个是"自由女神"图案，还有一个是"蒙娜丽莎"图案。
这些碎片散落在地板上，无法收拾。那么，你会怎么做来把
这些拼图碎片区分开来呢？

其实，方法非常简单。首先从"蒙娜丽莎"拼图碎片开

始整理，把这些碎片分成属于"蒙娜丽莎"拼图的和不属于"蒙娜丽莎"拼图的两种。换言之，我们牢牢抓住了"蒙娜丽莎"这个重点，设定了制约条件。完成之后，再从"自由女神"拼图碎片开始整理，最后剩下的便是"清水寺"拼图碎片了。

如果你只是纠结于某个碎片"究竟是'自由女神'拼图的，还是'清水寺'拼图的"，不设定任何制约条件而乱分一气的话，就会耗费大量时间，一直处于慌张混乱状态。

实际上，这种不设定任何制约条件而胡乱寻找碎片的情况就跟你说起话来滔滔不绝、颠三倒四、词不达意的情况如出一辙。

我们再举一个例子。

假设现在你正在为圣诞节要送女朋友什么礼物而苦恼，如果你只是漫无目的地浏览网页或者走在街头胡乱看的话，那么问题是得不到解决的。

如果你设定一些诸如"她喜欢的品牌""能够长时间使用的""价格要在1万日元以内"等制约条件的话，那么很快就能找到一个十分合适的礼物。

审美感很好的人往往就是擅长设定制约条件的人。

就像去唱卡拉OK的时候一样，我们也经常会设定一些制约条件，比如"赞美春天的歌曲""失恋者必唱歌曲""动漫主题曲"等。

记住这个要领，**尝试在与别人交谈的时候牢牢抓住"现在我们只讨论这个话题"这一点。**

"关于这个问题，请允许我从用户的角度来进行说明。"

"关于宴会场所的选定，我觉得应该找一个人均5000日元左右的地方。"

"好吧。在整个谈话中，其实你想问的是我昨天晚上在哪里，对吧?"

通过这样做来明确哪一点是谈话的要点，除此之外的废话不要多说。因为有很多话是没有必要说的。

1个主张+3个理由

为了做到说话时言简意赅，除了设定制约条件外，我再教给你一个非常重要的东西。**那就是"1个主张+3个理由"原则。这是一个能够简单迅速、有理有据地把信息传达给对**

方的诀窍。

虽然找出3个理由的办法多种多样，但最主要的是"趋势""特性"和"性价比"。

"我提议使用甲公司的应用软件。理由如下：第一，目前我们越来越多的用户开始使用这款应用软件**（趋势）**；第二，这款应用软件可操作性强，无论是谁都可以简单操作**（特性）**；第三，我们可以利用它所存储的数据**（性价比）**。"

在给女朋友选择围巾作为礼物的时候，可以尝试这样考虑：要选择红色，因为红色是今年的幸运色**（趋势）**；她很适合这种暖色系的东西**（特性）**；这是意大利制造的，还算挺划算的**（性价比）**。

给七零八落的想法设定制约条件。一旦确定要表达某个主张，就为它寻找3个理由。这样的话就可以很好地整理出自己的思路了。那么，请尝试做做看吧！

| 要点 | 说话言简意赅的人一定是擅长设定制约条件的人。 |

作者的总结 ❸

现在已经是训练的第2天了。和田老师在第1天讲述了如何构想出合适的表达方式，在第2天又谈及了关于"思考"的内容。第1天的侧重点在于"锻炼大脑"，在接下来的第2天就开始讲述如何激活大脑原本就具有的"思考技能"。

到目前为止，我们接受的教育都是在告诉我们"要学会独立思考""展现自己真实的一面""要学会自我表现"等，一再地强调发挥创造力的重要性。但是和田老师的想法与众不同。首先，他提议要"站在别人的立场上思考问题"。对自己而言最难理解的其实就是自己，所谓"自己的想法"并非那么容易就构想出来。所以，如果条件允许的话，还不如在心中构想：换成是自己最熟悉的人或者自己信任的人，他们会怎么做呢？在顺着别人的思路一直思考的过程中，自己的思路也就逐渐地清晰起来。

如果你觉得某个人的思路很棒、很有趣的话，就一定要把他的想法储存在自己的脑海中。这样做是为了最大限度地发挥上述办法的效果。

之后，和田老师强调要学会把主语转换成为"第三人称"来解释说明"为什么要采取这种行动"，并逐渐将其固定成为一种习惯。

为了架起从"站在别人的立场上思考问题"到"站在自己的角度思考问题"之间的桥梁，需要采用"他……"或者"她……"这样的句式来解释自己的行动，这样可以更加客观地看待自己的行为。和田老师就是一直在强调要养成这样的习惯。如果只是站在自己的角度思考问题的话，就会十分突兀地把自己的感情赤裸裸地展现在别人眼前或者容易拘泥于僵化的思想之中。而上述的办法就是为了回避和解决这些问题的。

"思考时要先设定制约条件"，这是针对那些虽然能开口表达但是却不会总结整理思路的人提出的建议。"设定制约条件"，之后要果断舍弃不符合该条件的想法。一旦确定要表达某个主张，就不要赘述其他无关紧要的话。一直坚持这样做的话，甚至可以逐渐形成"1个主张+3个理由"的固定表达模式。

　　针对那些对自我思考毫无自信的人，和田老师要教授的办法就是要养成"站在别人的角度思考问题""客观地审视自己"以及"限制思考的范围"的习惯。

　　山崎大，当你将这些所学的技巧付诸实践时，可以做到什么程度呢？可能越是思考就越没有自信。为了不让山崎大陷入这样的泥淖之中，让我们一边鼓励他，一边继续读下去吧！

问题9　经常被大家批评："你的发言毫无真实性可言。"

　　和田老师，非常感谢您的教导。的确，每当别人对我提出意见的时候，我都会胆怯得不敢说话。有时也会不经大脑思考，不管不顾地乱说一气。不过经过您的教诲，接下来我会努力做到只关注一个问题来阐述。

　　但是，我还有个问题要向老师请教。前些日子，我被我的同事太田批评："你的发言好像是套用别人的话，现学现卖，毫无真实性可言！"事实的确如此，为此我也后悔不已。

　　老师，如果要积极地提出一个新的方案，我该从何做起呢？

方法9 | 尝试创建某种思路，提出假说

　　山崎大，我年轻的时候也曾经因为被批评发言毫无真实性而苦恼不已。我把这个苦恼告诉我的学长之后，他对我说："那是因为你的意见没有假设！"

　　"当你看到冰激凌的时候，只会说'这个冰激凌又白、又凉、又美味'。"

　　"但是我不希望你只会说这么一句话，而是要提出自己的某种假设。这并不困难，你只需要在最后加上'是基于……这样一种想法'，这样就可以慢慢地在提出假说的基础上表达意见了。你的话语也就具有真实性了。"

　　"基于……这样一种想法"看似简单，实际上却可以让你的表达变成"百叶窗"。

　　"基于'冰激凌象征假期'的这样一种想法""基于'冰

激凌是国民美食'的这样一种想法""基于'冰激凌与夏季着装有关'的这样一种想法""基于'冰激凌和电影相关'的这样一种想法""基于'冰激凌就是生命'的这样一种想法""基于'冰激凌和求婚相关'的这样一种想法""基于'冰激凌和祝福相关'的这样一种想法"等，我们可以提出30个方案甚至更多。

与你直接写"这个冰激凌又白、又凉、又美味"的时候明显不同，这样做的话就会提出某种"假说"，从而增强了思考力。

这样也就掌握了提出异于他人意见的诀窍。

"基于……这样一种想法"可以打造"战略头脑"

学长把"又白又美味"这种表达方式称为"语言的素描化"，就像是只在纸上画出冰激凌的外形一样。

与此不同，他把"基于……这样一种想法"这种表达方式命名为"头脑的战略化"。这种做法是要把从前的表述所不具有的地点、人物、做法等要素赋予冰激凌，从而提出一种

新的"假说"。

山崎大，我希望你一定要把"基于……这样一种想法"的表达方式应用于日常对话中。

为了能够养成思考的习惯，我也希望你能在日常生活中积极使用这样的表达方式。

例如，你在邀请女朋友共进晚餐的时候，不要一个人冥思苦想：究竟是去吃日式料理呢，还是吃烤肉呢？而应该有这样的思维方式："基于晚餐要补充能量的想法""基于晚餐要温馨和谐的想法""基于晚餐要有浪漫氛围的想法""基于晚餐可以用来回忆过去学生时代的想法"。这样想的话，就能很快明确目标。

所谓"目标"就是"突破口"，也是"概念"。

只要把"基于……这样一种想法"变成一句口头禅，那么你就能锻造出一个"战略大脑"。

我们再来看一个成功案例。

在一个我十分熟悉的地方有一家旅馆。尽管这家旅馆十分有名，但是顾客中的那些高龄者都只是去那里泡温泉而已。

于是，这家旅馆的经理就向工作人员倡议说：**"要在我们的旅馆设计上引入'迪士尼乐园和日本环球影城'的思路。"**

于是，在温泉池内铺上了一种即便是小孩子跑来跑去也不会摔倒的地板，摆放了全家人可以一起和衣而眠的床，用吊舱连接了位于山腰的人造游泳池和山顶的旅馆。

工作人员自己动手制作游客留作纪念用的印戳。一时间，有小孩子的家庭纷至沓来，这家旅馆人气大增。

地方上的老店铺有自己的规矩和传统，如果猛然改变风格的话，可能会造成一定程度的客户流失。

但是通过设立"迪士尼乐园和日本环球影城"这样一个假说，就把旅馆改造成为一个即便是上年纪的老主顾也能和其小孙子一起畅玩的场所，大受好评。

通过"基于……这样一种想法"来确定某个假说。无论是谁都能很快做到这一点。那么，山崎大就快试着去做吧！

要点 ▎语言一旦"战略化"，你自然而然就会发现"突破口"。

问题10 想要进行思考，却毫无灵感和想法

收件人 和田老师

主 题 想要进行思考，却毫无灵感和想法

　　和田老师，昨天我们公司召开了一个会议。在会议上，我就公司新生产的调味料发表了自己的见解。当我提出"基于可以携带调味料"的想法时，就有人说："我们能不能设计出可以用于盒饭的调味料呢？"也有人说："我们可以尝试小包装。"大家众说纷纭、各抒己见。这都是老师您的功劳啊！

　　虽然我提出了一个这样的想法，但是最后还是被大家说："你就只考虑了这些吗？能不能再提出更多的思路呢？"

　　以此为契机，我特别渴望能够生发出更多的灵感和想法。为此我该怎么做呢？

方法10 | 运用"个人头脑风暴法"激发大脑灵感

山崎大，你在大学和公司里也曾经学习过"个人头脑风暴法"这个思维方法吧。说得再形象一些，这个方法就是"在个人大脑中卷起思维风暴"的方法。

一般情况下都是几个人针对同一个课题纷纷提出自己的见解。

我想你也一定知道这种思考方法的4个规则：不能批判他人的意见；自由想象；比起"质"更重视"量"；把所有的想法结合在一起。

实际上，要进行所谓的"思考"是应该依靠个人单独进行"头脑风暴"。

不要在意别人的批判，也可以无视常识与前提，并且要重视"量"。你可以使用手机检索，如果发现有用的信息就把

它们记录下来。不要觉得这个想法无聊而轻易地否定它，而是要把它写在纸上。你要养成做这些事情的习惯。

即便未穷尽脑海中所有的想法也没关系

我们总是被要求要充分考虑事情，但是什么才算"充分"呢？这似乎并没有一个明确的目标。

在我们广告公司里，过去经常会说："一个人每天要想出100个方案。"不停地思考再思考，最后没有了逻辑和条理。在把自己逼到山穷水尽、走投无路的时候，忽然之间就会灵光一现，蹦出好的创意。我们把这称为"创造性飞跃"。

但是你不是专业的文案写手，没有必要把自己逼到那种地步。根据我个人的经验来看，**目标是33个方案。当然，虽然说是"方案"，但也不需要是一个多么卓越的想法，"灵光一闪的想法"或者"素材"就足够了。**

请稍加练习吧！下面我们就"讲述东京塔的魅力"这一课题来进行思考。

第1天的时候要先把头脑中浮现出的想法写下来。例如，如果你想到"红色的、尖尖的样子"的时候，就直接记录下来。

第2天在脑海中不停地萦绕着"东京塔是东京的标志"这句话，那就把它写下来。

突然间又想到：咦？现在东京的标志难道不是天空树吗？想到这儿就在一边做好笔记。

总之就是要把脑海里浮现出的东西全部都写下来。

一旦没有了思绪，就可以用手机来检索"东京塔"的相关信息。

"正式名称是东京信号塔""能够捕捉到灯光熄灭瞬间的情侣最终一定会走到一起""恋爱传说""站在600层连续的外台阶上可以看到整个东京""红色印章是最有人气的""建在东京最高处的'铁塔大神宫'"等。如此这般，你会搜集到越来越多的素材。

把觉得有趣的东西分条列点地写下来。

或许你会觉得："咦？这些就算是想法吗？"

的确，如果只停留在这种程度的话不算是"想法"，只能算是脑海中的语言或者搜集来的"素材"而已。

但是你要明白，所谓"想法"并非空穴来风，毫无出处可寻。

首先把自己收集到的信息和脑海中一闪而过的念头写下

来。**如果你不去做这些，只是一个人漫无目的地去思考的话，那么"思维之神"是不会降临的。**

整理出33个方案之后，要总体浏览一遍，不要觉得这项工作特别无聊。

因为这些都是你的"思路流程"。在检索到的众多信息中选择你自己感兴趣的内容。一共就只有33个方案，所以全部看下来的话也不是很困难。

把这33个方案延展开来，拼接到一起

从众多方案中挑选出一个你觉得最有趣的。

例如，你觉得"600层连续的外台阶"这条信息最有趣。那么就可以和"建在东京最高处的'铁塔大神宫'"这一信息组合在一起。

"准备考试的学生成双结对地为了祈求考试合格而登上了'铁塔大神宫'去祈福。"

把两条信息合并在一起的话，就会创造出上述这样的表述内容。

这样看来，算是一个小小的"想法"。

请尝试把这33个方案组合在一起所产生的新"想法"吧！

这个办法可以用来应对所有的场合。

例如，你在工作中犯了错误，不得不去给客户道歉。

如果你还有时间战战兢兢地去思考自己该怎么办，以及应该怎么去道歉的话，那就尝试想出33个方案来渡过此次难关。

你可以尝试这样去考虑，比如"直接去跟对方公司的总经理道歉""让对方公司里和我们经理熟识的工作人员带我过去""考虑善后策略""做一个日程表""道歉的时候要弓起背来，慢慢地低下头（手机检索到的信息）""不要笑，要下拉嘴角（手机检索到的信息）""即便是对方也有错，也不要在道歉的当天指出，日后再谈。"

如果你能想出33个方案的话，就可以网罗许多情况。如果这些方案能够让你看到解决问题的希望，那么所有的不安就会烟消云散了。

同样，在写策划案的时候不要立刻就坐到电脑前开始写，而是应该认真地去思考：在这个策划中究竟要表达什么？这其中的难点是什么？之后还要在手机上检索相关素材、听取相关人员的建议、记录脑海中一闪而过的念头……

诸如这样，整理出33个方案。

比起直接坐在电脑前写策划案，这么做更容易创造出有分量、有趣味的方案。

或许你会说："即便是这样，想出33个方案也太难了吧！"

但是你要记住，重要的并不是"33"这个数字。

即便你只整理出9个素材或者一闪而过的念头，也无须懊恼、感叹："失败了！我到底是没有这个才能啊！"

你应该这么想："我已经想出9个方案了。之后再想出24个就可以了！"没准儿忽然就会碰到一个"这个可以拿来用"的素材。

如果人们有意识地去"找寻红色的事物"，也就会注意到与它相关联的事物。

这种状态就可以称为"想办法"。

这个时候即便没有什么想法也不要沮丧，只需把不断思考作为一种习惯持续下去。如果你能想出33个方案的话，就已经说明你是一个"主意达人"了。那么，请试着做做看吧！

要点 ▶ 想出33个方案，"思维之神"自会降临。

作者的总结 ❹

第2天结束了。和田老师教授的5个方法如下：

（1）站在别人的角度思考问题。

（2）尝试为每一件漫不经心的小事寻找理由。

（3）说话时要有"牢牢抓住重点"的意识，为思考设立制约条件。

（4）尝试创建某种思路，提出假说。

（5）运用"个人头脑风暴法"激发大脑灵感。

这些方法都是用来帮助你的大脑养成"思考"习惯的。

回过头来想，你大概也会觉得我们在学校的时候，压根就没学过"思考"的方法。

所以对和田老师教授的办法感到困惑的人不在少数吧！

接下来我们再重新回顾一下这5点。

第1个训练方法是"站在别人的角度思考问题"。这种训练的目的是将他人的思维方式导入自己"自以为是"的大脑中，通过引入"别人的视点"来增强自己的思维能力。

第2个训练方法是"尝试为每一件漫不经心的小事寻找理由"。这项训练的目的是让你能够有条理地思考自己无意识间做出的行为动作。通过第三人称来描述自己的行为，也会逐渐掌握客观看待事物的能力。

第3个训练办法是"说话时要有'牢牢抓住重点'的意识，为思考设立制约条件"。这种训练方法主要是为了避免出现不假思索而废话连篇的情况。其主要做法是树立"1个主张，3个理由"的意识，设定制约条件。作为用来"总结"思维的方法，它是大有裨益的。

第4个训练方法是尝试创建某种思路，提出假说。我们可以"连续说'基于……这样一种想法'来谋求'语言的战略化'"。在旅馆老板开始设想"基于引入迪士尼设计模式这样一种想法"时，旅馆的各位工作人员的"想法"就实现了"战略化"。

第5个训练方法是运用"个人头脑风暴法"激发大脑灵感。要实现锻炼大脑的目的，思考的"量"是不可或缺的。最低限度也要写下33个搜集到的信息或者脑海中一闪而过的念头。

无论是为了口头表达还是书写文案，也无论公私，这些锻炼大脑的训练方法都是十分有必要的。只要你没有睡下，就要不停地使用这些方法来锻炼你的大脑。

你必须乐于接受这些锻炼。

即使实践起来不顺利也没有关系，就像打游戏一样，试着反复挑战，你就会爱上"思考"。

明天就是第3天了。让我们一起进入和田老师课程的高潮部分吧!

"喂！山崎大，快去写关于酸奶宣传的董事长发言材料！"

山崎大虽然算不得出类拔萃，但却是一个坦率淳朴的男孩子。

和田老师教给他训练方法后，他既不讨价还价也不牢骚满腹，而是踏踏实实地练习。在过去的两天里，只要时间宽裕，他就开始琢磨"10位美国总统的名字""童年时代看过的10部动画片"等问题。乘坐公交车的时候，就开始小声嘟囔着"实况转播"看到的景象。开会的时候，千方百计地做到"1个主张，3个理由"。为选出同期职员聚餐的店，他考虑了33个方案。只要有机会，他就开始践行和田老师教给他的训练方法。

广告宣传部的出井经理关注到了山崎大的变化。

以前发言时并不引人注目的山崎大忽然能够提出许多一语中的、一针见血的意见。看到这样的山崎大，连经理都在不停地想：到底发生了什么啊？

就在山崎大通过邮件向和田老师请教的第3天，和山崎大一起上班的出井经理叫住了他，说："山崎大，你知道那款最新生产出的酸奶吧？关于这款新品的宣传工作就交给你吧！时间期限是1个月。你以广告部员工的身份加入这个团队。我希望你写一个记者招待会的发言材料。因为这款新品是能左右咱们公司命运的产品，所以董事长说他想亲自参加记者招待会。之后会派宣传部的版田女士作为你的上司来带你。她的经验可十分丰富呢！但是你要记得写策划案要完全依靠自己。我觉得你可以胜任这份工作。"

山崎大忽然呆若木鸡，他心想：怎么突然让我写要交给经理的策划案。任务太艰巨了吧！虽然山崎大不断地在大脑中寻找拒绝的话，但是在那种场合下，他的大脑一片空白。

更何况，派来的上司是版田女士。她可是被称为"宣传部第一机关枪"的人。她的语言多么辛辣啊！山崎大甚至都不敢靠近她的座位。

回到自己的座位上，山崎大望着远处的版田女士。那是一个秀发飘逸的女性，戴着一副和她的气质相得益彰的眼镜。虽然才刚刚9点，她已经火力全开地坐在电脑前工作。虽然他知道说"好棒呀"这个词是禁忌，但是他的脑海中除了这个词便再没有其他的形容词了。他觉得有必要把这件事情告诉和田老师，于是便打开了电脑。

第 **3** 天

培养逻辑想象的能力

一旦掌握了"思考类型",无论是谁都可以找到新的突破口来自由自在地思考事物。

在这一天,我们将学到5种方法:5个"为什么"、黑格尔的辩证法、目标明确化、拟人化和"回想臆测"思维。

问题11 如何做才能让自己的发言具有说服力

收件人 和田老师

主　题 如何做才能让自己的发言具有说服力

　　和田老师，您好。跟您学习已经到第3天了。

　　只有一个月期限，我要开始写关于新品酸奶宣传的董事长发言材料了，但是我对这个领域一无所知。

　　写材料已经让我焦头烂额了，更困难的是我要和难缠的版田女士以及能言善辩的广告公司的人打交道。一想到这儿，我就沮丧至极。

　　和田老师，我对此束手无策，觉得一切都太迟了。我该从什么地方开始思考呢？我该怎么做才能追赶上大家呢？

方法11 | 为了探求事物的本质，每次都问自己5个"为什么"

山崎大，首先要祝贺你即将参加大型项目了。公司都很看重引路人，因为这关系到公司的成败。

请你想一想明蹊大学的校训——向前一步！

那么我们就开始上课吧。你的担心和不安，很多都是来源于你所说的"一无所知"。那么在这件事情上，重点就是你对"新品酸奶"不了解。与其他人比起来，你掌握的信息量少得可怜。

你所畏惧的根源不在于上司或者你的同事，而是在于你自己的无知。如果真的是这样的话，那么你就要比任何人都应该去深入地了解商品。

其中一个方法就是被称为"丰田生产模式之父"的大野

耐一先生提出的5个"为什么"策略。

探求"更深层次的"东西

这次领导交代给你的任务是写一份"董事长要用的发言材料"。

在招待会上，记者们会蜂拥而入。他们的工作就是不停地问"为什么"。为了能够应对他们抛来的所有"为什么"，你就要在准备的时候问自己无数次"为什么"。

这种一问一答要进行5次。那么，请你试着做做看吧。

问题①　葛原食品公司为什么要开发这款产品？

（提出一个大原则性的问题——到底是为什么。）

答案①　现在牛奶市场不断扩大，竞争日益激烈。

（从社会动向和发展趋势的角度来分析。）

问题②　一旦市场扩大、竞争激烈，就有必要开发新产品吗？

（提出这个问题的诀窍是把答案①"改造"成问题②。）

答案②　现在引导市场潮流的酸奶都是具有"改善肠道

环境"功能的特效产品。但是我们公司目前还没有打入这类产品的市场中。如果这样持续下去的话，就会被其他公司远远地甩在后面。

（进一步详细地阐述答案①，回答时要深入分析市场现状和公司自身状况。）

问题③　为什么不打入"改善肠道环境"的市场就会被其他公司远远地甩在后面？

（把答案②直接带入问题③中，接连不断地寻根究底。）

答案③　如果我们生产出可以"改善肠道环境"的商品，那么不仅可以强调它的美容功能，而且可以宣传它在预防感冒甚至降低患癌率方面的功效。这样的话就可以扩大"目标客户"的范围。

（进一步详细地阐述答案②，回答时要深入分析最新研究和"目标客户"。）

问题④　为什么强调它的美容功能，并且宣传它在预防感冒甚至降低患癌率方面的功效，就可以扩大"目标客户"的范围呢？

（把答案③直接带入问题④中，坚持不懈地刨根问底。）

答案④　家庭里每个人都或多或少有各种各样的健康风

险，而这款产品对每个人的健康都有作用。大家有可能会大量购买全家人的酸奶并养成持续购买这款产品的习惯。

（进一步详细地阐述答案③，回答时要深入讨论"成批购买"和"习惯化"等消费行为。）

问题⑤ 为什么大家大量购买全家人的酸奶并养成持续购买这款产品的习惯就对葛元食品公司有利呢？

（把答案③直接转换为问题④，然后依据问题④孜孜不倦地刨根问底。）

答案⑤ 葛原食品公司是有着120年悠久历史的老字号，信誉很可靠。悠久的传统再加上具有改善肠道环境功能的新产品一定会受到很多客户的青睐，远超其他公司。

（进一步详细地阐述答案④，回答时要深入论述本公司的优势。）

原则上，所谓的5个"为什么"并非层出不穷地改变问题，而是在听到前一个问题的答案后，更深层次地去追问"为什么会这样""为什么要这么说"。

把自己当成一个有理解障碍的顽固老人去刨根问底。

在深入思考事情的时候，5个"为什么"法是十分有用的办法。

例如，你觉得现在的工作岗位不适合自己。

"为什么不适合呢？""因为就只有我一个年轻人。"

"为什么只有你一个年轻人就不合适呢？""因为同事们的想法都很古板、老套。"

"为什么同事们的想法都很古板、老套就不合适呢？""因为对于网络的看法大相径庭。"

"为什么对于网络的看法大相径庭就不合适呢？""因为计划行不通。"

这样想来，你会自然而然地发现原来觉得工作很不适合自己的根本原因在于"计划行不通"。

山崎大，你要自己一个人孜孜不倦地深入考虑这款新产品。试着做做看吧！

> **要点** 提出5个"为什么"并逐渐贴近问题核心的话，就会自然而然地发现真正想要的答案。

问题12　当别人提出意料之外的意见时，大脑立刻一片空白

收件人　和田老师

主　题　当别人提出意料之外的意见时，大脑立刻一片空白

　　和田老师，您好。宣传部的版田女士实在是太可怕了。有一次，她忽然阴沉着脸问我："如果这款酸奶不能被大家接受，那么该怎么办？"

　　瞬间，我的脑子又一片空白。我一直把关注点放在商品的优点上，根本就没考虑这个问题，所以不知如何回答。

　　版田女士说："忽略商品的缺点可不行啊！因为我们要敢于发现短处，并能把短处转化为长处。"说实话，我不知道该怎么办。

　　短处真的能被转化为长处吗？

方法12 利用哲学家黑格尔的
"辩证法",将每一次
"危机"转化为"机会"

版田女士真的很专业。她在学生时代一定很刻苦地学习了这些知识。可见出井经理为你找了一个好的"领路人"。**版田女士所说的其实就是德国哲学家黑格尔提出的"辩证法"思维。**

听到"哲学"这个词,日本人一定会觉得大学哲学系所学的知识简直无法理解,因此敬而远之。但是与日本人不同,法国人大多喜欢哲学,以至于小学生在辩论的时候都会使用黑格尔的"辩证法"。

这是思考事物的基础模式,希望你能牢牢记住它。

首先请在脑海里想象出一个等边三角形的形状,底边左侧的点就是你认为正确的"意见"。接下来我们看底边右侧的点，它代表你的"反对意见"。究竟哪一个才是正确的呢？如果这两个意见一直在脑海里"争执不休"的话，那么事情永远也得不到解决。

因此我们就要调整"意见"和"反对意见"，在三角形的顶点构建一个"高层次意见"。这种办法被称为"扬弃"，也的确很有用。你是不是觉得很难？让我们举个简单的例子来看看吧。

假设你正在准备远足时要吃的点心，购买点心的钱不能超过300日元。而你非常喜欢巧克力，所以打算用这300日元都买巧克力。这就是你的"意见"。

这时有另外一个"小人"在你的脑海中蹦出来说："我反对！这次远足要走大半天，不能只带巧克力，我们应该多买几种点心，慢慢地享受这漫长的远足时间。"或者这个"小人"说："我反对！巧克力会融化，根本不是在这种炎热的季节里应该携带的东西。"这就是"反对意见"。

如果这两种意见一直作为"赞成项"和"反对项"僵持下去的话，我们就想不出更好的解决办法了。

如果我们把"想买巧克力"这一赞成意见和"应该享受漫长的远足时间""要能耐得住热"这两个反对意见综合

在一起考虑的话，我们就可以在逛商场的时候买100日元的"管装巧克力"。这样的话既有余额可以用来买其他的点心，也可以解决"不耐热"的问题。这样就可以时不时地拿出这些小点心品尝一下。这绝对算得上是一个不错的"点心装备"。

像这样思考出一个"高层次意见"，就是一种应用辩证法的思维方式。

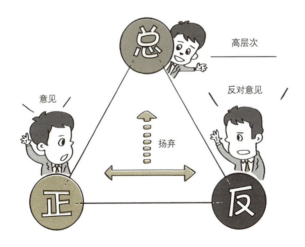

越是有智慧的人，越重视反对意见

正如版田女士所说："公司有自己的长处，比如'我们发现了新的肠内菌落'或者'我们是百年老字号'。但如果我们只关注这些长处的话，我们就无法接受来自社会的辛辣的批评。"

我们应该勇于面对商品的缺点，从而思考出更高层次的主张。

我看了一些你发过来的材料，发现新产品的价格的确很贵。即便是效果再好的产品，如果价格贵得离谱，那么想让大家养成购买习惯的话，就必须找出有说服力的理由。

所以，这款新品的弱点就在于"价格高"。这就是前文中所画等边三角形底边右侧的点。

虽然在酸奶中添加了可以改善肠道环境的菌，但是还存在"价格贵"这一弱点。版田女士在努力克服这一问题，太优秀了！果然有智慧的人很重视反对意见。

山崎大，你也要认真思考，不要输给版田女士。新品酸奶之所以价格贵，肯定有它的理由。

"手工制作"所需要的人工费，搭配各种来源于大自然的原材料，打造健康产品。产品不能批量生产，因此十分稀缺。

为什么价格这么高呢？向研发者认真询问理由，尝试把短处转换为长处。试着做做看吧！

> **要点** 融合长处和短处，富有创造性地提出更高层次的主张。

作者的总结 ❺

　　宣传这款可以决定公司命运的新产品的任务落在了山崎大的肩上。

　　再加上这次读稿子的人是葛原食品公司的董事长，这让山崎大更加紧张了。本来就胆小的山崎大觉得压力如山。

　　但是，我想讨论的不单是现在山崎大所面临的此次大型活动的相关问题。

　　我希望大家在日常交流和会议发表意见的时候，也要灵活运用"5个'为什么'"法和"黑格尔辩证法"等这些用来深度思考的方法。

　　这两种办法都是我过去没有想到的。

　　黑格尔辩证法距今大概有270年的历史了。5个"为什么"法大概也是在40年前就被提出的。

　　现在人工智能如此发达，我们也迎来了知识全球化时代。即便如此，这些方法仍然流传至今，这就说明这些方法的确很符合人类思考的逻辑!

特别是辩证法这种思维方式,现在有很多日本人都想学习。

请看看日本的学校,有那么多的孩子因为害怕听到反对意见而不敢说出自己的真实想法。

这种情况不仅出现在中小学,甚至在大学的课堂讨论以及企业的碰头会上都会存在。大家总是会有一种这样的想法:如果有人提出反对意见,那么现场的氛围就会被破坏。索性还不如保持沉默呢!殊不知正是这种想法在日益侵蚀着日本人整体的智慧。

要像版田女士那样重视"反对意见"并把它当作充实自己意见的"肥料",进而构想出更高层次的想法。这种感染力正是我们在思考之际最需要的东西。

和田老师写给山崎大的讲义大约接近一半了。让我们一起期待山崎大的成长吧!

问题13　不了解听众和读者究竟想要获得什么信息

收件人 和田老师

主　题 不了解听众和读者究竟想要获得什么信息

　　和田老师，您好。黑格尔真的很厉害！当我给版田女士讲解新产品存在的短板时，我就用三角形的图来解说。突然，她冲我微笑着说："看来你还是很懂嘛！"

　　我现在和营业部、研究所的同事沟通时，也在努力把所有的短处转换为长处。

　　另外，虽然目前有很多详尽的关于"目标客户"的调查数据，但是版田女士还是对我说："要尽可能地明确销售对象。"

　　我到底该怎么办呢？

方法13 目标明确化，全方位构想周边信息

版田女士真的太厉害了，她提出了一个很好的要求。

你在邮件里提到有详尽的调查数据。不愧是葛原食品公司。如果我没猜错的话，贵公司一定收集了非常有价值的数据。

但是，无论收集到的数据如何有价值，如果不能很好地表述出来，那就无异于"拿着金碗讨饭吃"。之所以版田女士会提出"要尽可能地明确销售对象"的要求，估计也是基于这样的考虑吧。

其实有许多这样的例子。有一些便利店开在大公司云集的办公区，只有这些便利店在22点之后会卖出更多的糖果，和全国平均值比起来，营业额要高得多。

为什么上述便利店和只隔一个车站的便利店的糖果的夜

间销售量会有这么大的差距呢？原因不得而知。如果我们只看统计出的数字，是得不出结论的。

如果我们认真观察和分析商品的受众人群，就会发现购买糖果的人大多是从事烦琐工作的女性。

原来是这样啊！工作到深夜的女性们都想吃甜食。这是出于一种"想要奖励工作至深夜的自己"的心理。

在脑海中尽可能明确"目标客户"

山崎大，我希望你能明确一下今后新品酸奶的"营销模式"。因为手头上已经有非常可靠的数据，所以只需要日后检验一下，就可以知道这个模式是否可行。

首先，明确"目标客户"的姓名、性别和年龄。这个工作不可敷衍了事，一定要想象出契合产品的人物设定。

同时也要认真思考：家族成员都有哪些？都是从事什么工作的？居住在什么地方？年收入大概是多少？有哪些兴趣爱好？现在最关心的事情是什么？有什么烦恼？令他们不安的事情是什么？生活中有什么不满意的地方？……甚至还要

思考：他们的梦想是什么？有什么样的目标？憧憬什么样的生活方式？

我们来举一个例子。现在在脑海中自由构想出一个"目标客户"的形象。

河野友美，今年41岁。她和比她年长3岁的丈夫以及上小学6年级的女儿居住在东京都练马区大泉学院附近的高级公寓里。

丈夫就职于新宿一个大型印刷公司，河野友美在某个银行的高田马场支行上班，两个人的年收入加在一起大概为1300万日元。他们的爱好是最近开始流行的"在租来的小农场里种地"，这种活动可以用来缓解女儿的备考压力。

他们的梦想是能够拥有一个独栋别墅，别墅最好带一个可以用来种植农作物的小院子。眼下最大的烦恼是女儿准备参加考试。另外，女儿奔波于学校和补习班之间，为此他们也很担心女儿的身体健康。一家三口只有吃早餐的时候才有机会在同一张餐桌上吃饭，为此河野友美很重视早餐。

这样想着，人物形象就鲜明地浮现在眼前。

尽可能真实地设想对方形象，这是交往的基本原则。

接下来，我们尝试在脑海中把公司的新产品加入你构想的画面之中。例如，我们可以构想出在家里的小农田里喝酸奶的画面或者一家三口一起品尝的样子。

而搜集到的数据是为了检验你所设想的这些场面是否合适。

首先在你自己的脑海中明确销售对象。通过在脑海中描绘销售目标的形象，就会得出真实可靠的想法。

如果你的策划中十分详尽地描绘了你的销售对象，那么新产品的可信度会大大增加。另外，这样做也有利于谈判，甚至有可能应对一切场面。

> **要点** 尽可能详尽地明确目标，你会自然而然地发现你所需要的东西。

与版田千寻一起去酒吧

繁忙的日子依旧在继续。肚子饿的时候就吃一些其他公司生产的酸奶。山崎大坐在椅子上休息的时候不禁思考：我对这个工作还是挺有热情的！就在此时，版田女士的脸忽然映入眼帘。

"今天的工作快结束啦！要不要一起去喝一杯？"

什么？版田女士居然邀请我去喝酒啊！山崎大的心情不禁七上八下、忐忑不安。之前觉得版田女士好可怕，现在却又大为改观。

已经超过晚上10点了。版田女士麻利地叫了一辆计程车，就带着山崎大去了酒吧。在长长的吧台深处，头发整齐的服务员行了一个礼。山崎大忽然对版田女士产生了一种似曾相识的感觉，不由得心头一紧。

之后，山崎大给版田女士讲起了和田老师的事情。版田女士一边颔首，一边听他讲"想出33个方案""辩证法""1个主张，3个理由"等。山崎大兴致勃勃地讲述着。忽然，他的瞳孔里映出版田女士放大的脸。

"你喜欢我吗？如果喜欢的话，那么你喜欢我什么呢？"版田女士问道。脸上是从未有过的认真和正经。山崎大的大脑已经不再变得空白了，而是隐约地变成了粉红色，但他还是一句话也说不出来。

"真是个笨蛋！你还是完全不会使用和田老师教给你的办法啊！'1个主张'就是'我喜欢版田女士的一切'。如果要列举出3个理由的话，可以是：①趋势——在公司里干劲十足；②特性——是一个说话毫不顾虑的女性；③性价比——她可以引导我成长。你完全可以这样回答啊！你要记住，在追求女孩子的时候，和田老师教的方法也是很有用的！"

版田女士说完，"砰"的一声就打开了威士忌的盖子。

山崎大的脑海里再也想不出任何一个词了。不过只要能在脑海里留下版田女士今夜的样子，那就足够了。山崎大从未想过竟然会有这么一天，即便是大脑里一句话也想不出来也没关系。

问题14 有没有更易于对方 理解的说明方法

收件人 和田老师

主 题 有没有更易于对方理解的说明方法

　　和田老师，您好。现在无论是写策划案，还是参与产品开发，我都会尽可能真实地去构思"目标客户"的形象。的确，一旦了解了对方，就会产生"我要把信息传达给这个人"的想法。

　　今天，我希望您能教我一些可以让产品看起来更有魅力的方法。

　　就像版田女士所说的那样——给产品注入生命。我虽然尝试了"5个'为什么'""辩证法""目标明确化"等方法，但还是不能很清楚地了解这个产品究竟是一个什么样的东西，以及到底有什么用。

方法14 │ 通过拟人化，努力实现与对方的心有灵犀

"给产品注入生命"，这也是一句名言啊！我现在已经知晓了你对版田女士的爱慕之心。为了能够更好地在版田女士面前表现自己，一定要加油啊！

如果我们最终只会说"这款酸奶是老字号食品企业生产的，可以改善肠道环境的新品"的话，那么无论我们如何真实地在脑海中构想目标客户的形象，也不会有顾客来购买的。如果这样的话，那么这些酸奶就只能算作工厂生产出来的"产品"，而不是用户买到手的"商品"。

你应该努力做到让所有人都明白产品的特性。这就是版田女士所说的"给产品注入生命"。

那么，应该怎么做才好呢？

你和版田女士努力想让社会上所有的人都可以简单轻松

地了解本公司的新品。办法有一个，那就是"商品拟人化"。

"可以把这个拟人化吗？"

所谓拟人化，是指把非人的事物直接当作人来描写。

山崎大，如果你对动漫很了解的话，那么你一定会知道有人把日本以前的战舰当作美少女来看待，也有人把日本的名刀称为"名刀男子"等事例。我们说日本动漫和游戏的精髓就在于熟练使用这种拟人化也不为过。

用"可爱吉祥物"来命名的行为也算是一种拟人化。你应该知道哈密瓜的出场角色是"哈密瓜熊"[⊖]吧？棕熊经常会偷食甜瓜，给农户带来损失。但是也有人从中获得灵感，创造这一形象，意在说明：哈密瓜真甜，就连残暴的棕熊都想吃它。这样就通过一个独特的形象实现了哈密瓜的拟人化。

可以通过拟人化来给商品注入生命。如果你能很好地进行拟人化，那么无论是说话还是写文稿的时候，不但可以增强说服力，而且还能让对方更快地理解。

⊖ 日本的一个吉祥物。——译者注

当别人问你认为美国是一个怎样的国家时，你可以回答说："就像哆啦A梦中出现的巨人一样。"如此，沟通效果很快就能实现。

我们尝试把新品酸奶也进行拟人化吧！

凭空想象太困难了。我们可以为它设计出某种既定形象。

例如，我们把这款酸奶看作"网球选手大坂直美"。年轻、坚强，说话风格幽默，对人热情。另外，还很有深度和吸引力。

试着把这些特点与新品的特征结合在一起考虑。葛原食品公司发现的这种可以调整肠道环境的益生菌能非常有效地让人变得强壮吧！持续食用的话，肠道环境会得到很好的改善，肠道功能也越来越好。

这样考虑的话，我们就可以说："这款新品酸奶集合了使人体强壮的作用以及让人变可爱、变漂亮的功效。"尝试拟人化表达的话，就可以说："这是一款可以让你变强壮、变可爱的酸奶。"

我们再来考虑一个人。例如，南天群星乐队的桑田佳佑先生。

这个乐队已经成立40多年了，一直活跃至今。桑田佳佑先生曾得癌症，并且从中死里逃生，所以他大概很重视如何降低患癌风险吧。

把这种想法和商品特点结合起来，我们就可以说："我们研发这款酸奶，就是为了能够让您成为像桑田佳佑先生一样永远活跃在一线的人。"

通过拟人化，我们很容易就产生和对方共通的认知。复杂的内容也可以简单表述。会说话的人一般都是"擅长举例子的人"。

把日本比作"大雄"，美国比作"巨人"。像这样可以举出很多有趣例子的人在商业谈判中一定如鱼得水。这种方法可以用于所有的商业场合。

> **要点** 如果能够正确地捕捉到事物特征，那么传达信息的速度会快速提升。

问题15 为什么必须要从最终结果来考虑

收件人 和田老师

主 题 为什么必须要从最终结果来考虑

　　和田老师，非常感谢您的教诲。我已经开始一边在脑海中构思多种多样的人物形象，一边思考商品的特性。本来这次宣传的酸奶只是一种产品，但是通过这种方式，这种产品也逐渐拥有了人的性格。果然，产品被注入了生命。

　　最近我给出井经理汇报过一次工作进展。

　　但是经理却说："还是没有明确目标吧？"虽然我确实不知道接下来该朝着哪个方向发展，但是真的可以做到明确目标吗？我觉得这貌似有些浪费时间了。

方法15 | 通过"回想臆测"思维，就会发现很多以前看不到的东西

山崎大，我继续给你讲以前的故事。

我还是新手的时候，从事营销健康用具的工作。有一次我去客户那里交谈，之后回到了公司。当我想要读资料的那一瞬间，一位老员工忽然说："只说你的考虑就行。现在这个时间点正好是讨论环节，你来说一下你的规划吧！哪怕是你的想象都行。"

虽然我从客户那边听到了一些情况说明，但是一个想法也提不出来。

这位老员工阴着一张脸说："这可不行啊！哪怕你牵强附会地乱说一气也可以啊！"

我实在没有办法，只能站在会议室中的白板前硬着头皮

说自己的想法：市场形势是怎样的、竞争对手是如何宣传产品的、目标客户应该瞄准哪个年龄层、应当选择哪种代言人、如何设计广告的宣传口号和创新方案。

听罢，这位老员工问："缺陷在哪里？盲点是什么？该如何考虑？和田，其实我知道自己对这些问题一无所知。**但是，如果你从会议发表这一场面反方向来看的话，那么你就会发现自己的不足之处。就像是身处迷宫之中，如果从终点回溯，可能很简单地就找到了入口。工作也是从'结果'出发考虑的。"**

困扰的时候就向日本关西人学习吧

有一门叫作"生死学"的学问。其中有一项任务就是思考在自己的葬礼上，你希望朋友读什么样的悼词。

所谓"回想臆测"，是指我们从"未来"的角度考虑为什么希望朋友们如此评价自己，然后回归到现在的自己。老同事教给我的思维方法与此同出一辙。

我认为出井经理所说的也是同一件事情。**通过"回想臆**

测"思维的方法，尽可能真实地构想出未来的景象。之后从这一景象出发回归到现在。**

这么做的话就会很好地了解缺点和盲点所在。"有逻辑的思考"指的是把道理一条一条地理顺后再联结在一起。但是也不仅仅是这样。**其实先设定一个目标，然后再俯瞰全局，这也是有条理地进行逻辑思考的方式。**

山崎大，你出身于北海道，可能感觉不到。

我是土生土长的关西人。无论是说话还是写东西的时候，都先考虑"结尾处的话"再展开论述。

在关西，即便是你非常有条理地正确表述，也会被问："那结果是什么呢？"先考虑结果再进行商务谈判，这就是非常有名的"关西经商法则"。

先想好最后一句话，然后再练习表达方式。这种方法和"回想臆测"思维相似。

在眼下这个阶段，你可以试着想象一下记者招待会当天的情景。

记者招待会召开的地点可能会选在酒店大厅或者公司的大会议室。当天还会邀请明星到场吗？会邀请记者们品尝公司的产品吗？如果有这些计划的话，最好掌握一下人数，提前和商品部的工作人员沟通好。

　　如果你想着把所有一切都准备得妥妥当当，那么时间可能会不够。所以一定要提前想出哪些事情必须提早做。

　　一旦用"回想臆测"构想出目标，那么就尽快付诸行动吧！如果忽然发现有什么地方出错了，只需要中途做出修改就好了。那么，试着做做看吧！

> **要点** 有条理的思考方法不止一个。

作者的总结 ➏

山崎大目前承担着重要的工作任务。为此，和田老师教给他的思考方法是：

（1）为了探求事物的本质，每次都问自己5个"为什么"。

（2）利用哲学家黑格尔的"辩证法"，将每一次"危机"转化为"机会"。

（3）目标明确化，全方位构想周边信息。

（4）通过拟人化，努力实现与对方的通感。

（5）通过"回想臆测"思维，就会发现很多以前看不到的东西。

这些知识并不只是对山崎大目前所做的广告和宣传工作有作用。比如，在写策划书的时候，也一定要尝试运用这5种办法来检查一遍：

（1）这个策划案究竟是为了什么？（5个"为什么"）

（2）如果有人对这个策划案的结论提出一些反对意见的

话，我应该怎么应对呢?（黑格尔的"辩证法"）

（3）这个策划案最终会对哪些人有效果?（目标明确化）

（4）可以把宣传客体比拟成什么样的人或事物呢?（事物的拟人化）

（5）设想策划实施后的结果，思考会出现什么状况。（"回想臆测"思维）

哪怕你只是实践了其中一项，你都无疑会成为一名能进行逻辑思考的人。

关于思维方法的书数不胜数。我也买了好多书并且尝试了许多方法，但是大部分都没有什么作用。人所追求的"模式"就是一种古板表现。

所以在这里举出的5种办法未必都适合你，请整理出适合你自己的方法。当然，把这些方法用于自己思考的过程之中是更重要的事情。

如果你发现非常了不起的思维方法，请偷偷地告诉我哦!

出井洋一郎——杂谈的秘密

出井洋一郎经理是一个"闲谈高手"。虽然只是进行漫无目的的闲谈，却能够紧紧吊住人们的胃口。

与出井经理比起来，山崎大根本做不到这样。每次都是说得越多，对方越跟不上。为此气氛一下子就冷下来了，所以在宴会上山崎大只能尴尬地讪笑。

有一天，出井经理带着山崎大去参加客户聚餐。宴会上，出井经理谈起了前些日子在函馆出差时候的事情。出井经理说道："从函馆山上俯瞰夜景，在璀璨的霓虹灯中慢慢地浮现出'心'这个字。"

北海道出身的山崎大听了这句话，丝毫没有觉得有趣。但是在座的客人，尤其是年轻的女性被这句话深深地吸引。真的搞不懂闲谈啊！在回程的出租车上，山崎大向出井经理请教了闲谈的技巧。

"作家司马辽太郎曾经说过'用语言款待客人'。商业上的杂谈其实跟这个很接近，就是随性地说出你想要表达的内容就好了！如果在座的都是一起去旅行过的亲密朋友，那么提起函馆之行，我会选择一些关于'食物'的话题。因为一起品尝美食的记忆尤为深刻，很容易激发对方的同感。即便我们没有一起去函馆旅行，只要对方是曾经去过函馆的人，那么通过讨论美食，一定能够活跃气氛。但是，今天在座的客户中，那位女士是没有去过函馆的，而且她还说自己刚刚结婚。当我听到她说这些话后，我就选择一些浪漫的函馆景色作为闲谈的话题。"

山崎大你出生在北海道吧？如果你对一个从没去过北海道的人说："函馆地区的鱼特别美味。"那么对方会怎么想呢？他们会开心吗？他们只会把你看作一个不会交流，只会说自己感兴趣的话题的男人。我希望你能记住这些。商业上的闲谈就是一种"款待"，一定要把对方放在第一位。山崎大，你要试着学习认真听对方说的话，然后再选择你要说的话题。

提前下车的山崎大走在回家的路上，默默地望着天空。和北海道不同，东京的天空中没有星星。但是在这里住着形形色色的人，教会了自己各种各样的知识。他想，原来"闲谈"就是把自己想说的话轻松自在地说出来就好。虽然山崎大看不见天上的星星，但是他的心情很愉悦，有一种东西在心中闪闪发光。

第**4**天

锻造真正传达信息的能力

　　要做到"真正传达信息"，不仅要做到使传达的信息"通俗、易于理解"，而且还要让对方付诸行动才行。

　　在这里，我不会教你具体的表达方式，而是要告诉你能够直接作用于人心的技巧。

问题16　请教给我便于对方理解和牢记的传达信息的方法

收件人　和田老师

主　题　请教给我便于对方理解和牢记的传达信息的方法

　　和田老师，早上好。仔细一想，已经跟您学习4天了。在这周最开始的时候，我还在感慨自己脑海中什么词汇都没有。现在想起来，就像是撒了个谎一样。

　　今天我希望您能教我关于表达的方法。我一直专注于钻研理科，却很不擅长文科。因此，我从没说过什么让人折服的话，或者写过什么令人钦佩的文章。

　　我想掌握易于对方理解和牢记的表达方式。我应该在哪些方面注意呢？

方法16 **无论是书写还是说话，有意识地将内容控制在40个字符**

　　山崎大，早上好。确实如你所说，感慨"输入脑海中的词汇好少"，其实就像是一个谎言一般。其实任何事都一样，如果做事的时候吊儿郎当，那么最终将会一事无成。既然决定要做，如果不逼着自己承担风吹浪打，那么是不能脱胎换骨的。

　　接下来，我们来谈一谈关于易于对方理解和牢记的表达方式这一话题。其实答案很简单，很多书里都写过关于这方面的内容，其中也包含你刚刚提到的问题。答案就是一句话——<u>简短传达</u>。

　　但是话说回来，要做到简短并不容易。

　　我教的学生总是会问我："多少字才算'短'呢？"其实

"字数"不重要，重要的是"秒数"，换句话说就是"时间"。

池上彰先生曾经说过："一个专业的主持人在1秒钟能够发出10个音。"

简单来说，日语中的"谢谢（ありがとうございます）"就是10个字符。我们可以想定"1秒=10个字符"这样一个单位。

接下来，请你尝试多次重复说10个字符组成的句子。然后计算一下你可以不换气、有节奏地说多少遍。

一般说来，大概5次就刚好。虽然说因人而异，但是大部分的人持续说上5遍以上，就会变得呼吸困难。

1秒钟说10个字符，大概5秒钟的时候就想换气。换句话说，一口气能读下来的字符个数大概是50个。

我们准备一张每行可以写20个字且400个字封顶的稿纸。然后把这50个字全部写下来，大概需要写两行半。这是每个人都可一口气读完的程度。

那个总统也这么做吗？！

但是全部用平假名来写文章也不合适。如果在这两行半中加入汉字，并且要一口气读完的话，谁都会觉得呼吸困难。

所以，我在这里建议的是"40个字符"。这样的话，不但能够一口气读完，而且还可以大体上总结出其主要内容。接下来，我们来看个例子。

"这款酸奶新品，有助于减轻您家人的繁重压力。（この新しいヨーグルトは、あなたのご家族の多くのリスクを軽減させることが可能です。）"一句话中有40个字符（以日文计），标点符号不计入的话，有38个文字。

"当下季节易患感冒，为了预防，每天早晨您一定要和家人一起食用这款酸奶。（風邪の季節になりました。予防のために毎朝、ご家族でこのヨーグルトを食べましょう。）"一句有40个字符（以日文计），标点符号不计入的话，有37个文字。

写邮件的时候也好，向领导汇报的时候也好，请有意识地将字数限定在40个字符。**为了能够简洁表述，你需要锻炼出一种"用40个字符书写和说话的感觉"。**

政客们参加选举的时候，会不断地重复相同内容。其目的就是让这些话深深地扎根于选民的脑海之中。因此"40个字符"就变成了一种标准。

如果说话超过40个字符，那么这些话就不会停留在人们的脑海之中。

在当今这个时代，就连美国总统都开始"社交网络治国"了。

请一定要时刻记住把话语的字数设定在一口气能读完的程度，这就是易于对方理解和牢记的传达技巧。

那么，试着做做看吧！

要点 只有简明扼要的语言才能停留在人们的脑海中。

问题17 动员别人的时候，该如何表达才好

收件人 和田老师

主 题 动员别人的时候，该如何表达才好

　　和田老师，您好。您刚刚教给我"容易被其他人记住的文章要保持在40个字符的程度"。版田女士读了你写的内容，不停地嘟囔说："真的太棒了！"看起来她也觉得冗长的文章或者话语是不可取的，真的太感谢您了！

　　这一次要向您请教的问题是版田女士提出的。她说，无论我们如何能说会道，但如果客户就是不购买，那么说再多也没意义。如果有可以动员别人的方法，那么还请您不吝赐教。拜托您了！

方法17 | 表达时尝试加入大量具体的有关"想要对方做的事情"的词语

山崎大，看起来，你最近和版田女士相处得很不错。你们能一起读我写的东西，我感到很开心。整个团队有一种"同呼吸、共命运"的氛围。一个团队能做到这样的话，成功的概率一下子就提升了。

接下来，我们继续谈邮件里提到的问题。你们是想知道促使别人付诸行动的办法吧？

山崎大和版田，我想问你们一个问题：当你们想要鼓励某人的时候会如何措辞呢？一般情况下，人们都会说"加油"吧。

我曾经得过一场大病。当时每当听到别人对我说"加油"时，我都会特别反感。就算大家都说"加油吧"，其实也是无济于事。我的心中有一个强烈的声音在抗议："请不要随随便便、不痛不痒地说一句'加油'！"

与此相对，说英语的人们是如何鼓励别人的呢？

最具有代表性的话语就是"打起精神（Cheer up）"。直译的话，意思是"提高音量"。这听起来很具体，我们也明白该怎么完成这个动作。除此之外，还有很多具体表示身体动作的示例，比如昂首挺胸、抬起下巴等。

如果你想通过某种方法来促使别人付诸行动的话，那么就采用类似"打起精神"这样的表达方式。换句话说，就是要描绘出身体的具体动作。

我曾经在一个小学的毕业典礼上写过一篇祝贺大家毕业的文章。我并没有说"加油"这个词。取而代之，我是这样写的：

"抬头挺胸，仰望晴空。这个姿势就是你变高、变强，可以自由挥动翅膀飞翔的起点。即便是失败，也要昂首挺胸。即使再孤独，也要挺起胸膛，仰望天空。"

当他们在以后的人生中遇到什么苦难时，我希望他们能够想起我在毕业典礼上送给他们的祝福语，依然能够做到"昂首挺胸，仰望晴空"。

这就是我想要激励别人"加油"时选择的表达方式。

人们经受不住这样的劝诱

例如，你想让大家品尝一下酸奶。

即便你说："这款酸奶特别美味，快尝尝吧！"或者说："这款酸奶可以调整肠道功能，快试试吧！"但人们一般都不会去尝试，这是因为他们听到的动词就只有"吃"和"试试"这两个而已。

尝试再增加一些动词吧！想象一下人们正在品尝酸奶的场景，然后加入动词。

"奶奶微笑着，妈妈哼着美妙的歌曲，就连平时爱睡懒觉的小女儿也朝气勃勃。品尝过这款酸奶之后，你会发现整个早晨的风景都在悄然改变。"

写下你期待别人要做的事情。要召唤身体采取行动，而不是仅仅停留在心和大脑的交流之上。说话时大量运用"动词"，就很容易打动人心。

例如，你在邀请女朋友看电影的时候，试着说："虽然电影中会有一些可能惹你**发怒**的镜头、**揪心**的情节，但我想结局一定会让你开怀大笑的。一起**去看看**吧！"

试着利用"动词"去邀请别人行动吧！来，试着做做看！

> **要点** 越多地使用动词，越容易在脑海中自动呈现出影像。

问题18 每次表述都平淡无奇，毫无表现力

收件人 和田老师

主　题 每次表述都平淡无奇，毫无表现力

　　和田老师，您好。为了能够动员对方，我从现在开始有意识地使用动词。听了您的建议，真的受益匪浅。十分感谢您的教诲！接下来，还有一些问题要向您请教。

　　我从事宣传和广告工作有3年了，版田女士从事这项工作也有8年了。按道理来说，我写文章的量应该要比其他人多。

　　理科出身的我虽然写起文章来不会有什么错误，但是总是缺少人情味。而语言文学系出身的版田女士写出的文章，简直就是教科书！

　　我不知道如何使自己的文章张弛有度。和田老师，我如何才能写出能够吸引人们注意力并且有表现力的文章呢？

方法18 | 果断扔掉在学校里学到的那些所谓的"常识"

过于清楚、整齐的字迹往往不能获得人们的好感。

同样，在学校里写的没有任何语法错误并且获得满分的文章往往没有什么趣味可言——没有丝毫的张力，有的只是一种大同小异、似曾相识的感觉。一旦文章写得不好，就会遭到大家的轻视。所以对于那些在学生时代擅长语文的学生而言，这是一个很大的"忧患"。

对这样的人我想说：**"要质疑在学生时代学到的文章语法。"**

例如，语法中有"过去时"和"一般现在时"的概念。我们学英语的时候就知道绝对不能把这两者混淆。

受此影响，我们在用日语写文章的时候，如果一开始就用"过去式"来表述的话，那么就一直用"过去式"写下去。所以就会出现这样的表述：打开了盖子，看到了酸奶忽明忽暗地反射着太阳光。用勺子轻轻地挖一小块放入口中，恰到好处的酸奶硬块凉透了整个喉咙。

这样的表述读起来很无聊！虽然文章表述没什么问题，但是没有吸引人的地方。

樋口裕一先生说过：**"描写实际行动的文章要采用'过去时'，描写情况动态的时候要采用'一般现在时'。"**

如果我们运用这个理论再修改一下上面的表述，就变成如下表述："打开了盖子，**就会看到**酸奶忽明忽暗地反射着太阳光。用勺子轻轻地挖一小块放入口中，恰到好处的酸奶硬块**正凉透**整个喉咙。"

这样的表述会给人不同的感受。

说话时不要一针见血

我们经常说："说话的时候要把结论放在最前面，并且要能表达清楚，做到一针见血。"新闻工作者们总是想说"一定要说清楚是非黑白"之类的话。

但是在真正的高境界表达中，一般会采取这样的技巧：

通过把两个正相反的事物排列在一起来达到强调其中一方的目的。

例如，某款洗面奶的主打功效是"保湿成分"，那么我们就经常会用"滑溜溜"这个词来形容它的效果。

这时，我们选择一个词来形容有效去除脸部污垢的效果，比如"清爽控油"，然后把它和上面的表述组合起来，那么就有如下表述：清爽控油但却可以让你的皮肤滑溜溜。

这样的话，就会给人一种虽然去油迅猛，但是保湿成分会很好地发挥效果的感觉。

另外，我们在描述酸奶的时候可以说："味道浓郁，但却清爽可口。"

我们可以这样形容版田女士：虽然强势，但也很温柔。我们也可以这样说：有男孩子的魄力，但是很有女人味。

通过对比两个相反面，达到强调的目的。请试着做做看吧！

要点｜扔掉学校中学到的"常识"，文章就足够吸引人。

作者的总结 ❼

学习已经进入第4天了。关于"表达"的烦恼山崎大与和田老师谈了许多。在第1天的时候，山崎大还在不停地感慨"脑海中什么词汇都没有"。现在的样子跟那时相比简直是天差地别。

这次学到的方法有3种，分别是：①有意识地将内容控制在40个字符；②表达时尝试加入大量具体的有关"想要对方做的事情"的词语；③果断扔掉在学校里学到的那些所谓的"常识"。这些都是我在写文章的时候经常会用到的技巧。

另外，在学校的时候我们学过这样的知识：如果句子结尾都用"だ"（日语中的断定助动词，表示说明、判断、断定的含义，经常用来结句），那么句子就显得过于单调了。所以老师会告诉我们写作的时候要注意句子结尾的多样化。但是有时候为了能够更加强烈地把信息传达给对方，也会在写文章的时候，在所有的句子后面使用"だ"，这样可以增强表达的感染力。

除此之外，我们在学校还学过：主语为第三人称时，除了开头部分点出姓名，剩余部分全部要用第三人称。例如，我们在写以山崎大为主人公的文章时，除了开头用"山崎大"，之后都要用"他"。但是日语是一种即便不说明主语，句子也可以成立的语言。甚至省略主语时，反而显得句子更加干净、利索。另外，我们在讲葛原食品公司的时候，不采用指示词的表达方式，而要不停使用"葛原食品公司……"这样的句式。通过这样反复提到葛原食品公司，可以让读者或听者耳濡目染，印象深刻。

随着互联网的普及，"表达方式"也发生了显著变化。明治时代提倡"言文一致体（幕府末期由受西欧影响的学者们提出的文学主张。主要内涵是使口语和书面语一致）"。现在流行混入许多表情包和贴图的"颜（表情包）文一致体"，甚至在一些公司的日常交流中也会使用这种表达方式。另外，随着人工智能翻译功能的强大，判断一篇"好文章"的标准也变成"易于翻译和检索"。并且由于现在的主要阅读方式就是手指在手机页面上划来划去，所以文章的结构、强调主要内容的方法、文章的长短和间距设置等发生了很大改变。

从人们日常生活中衍生出来的语言，如今在很大程度上受到科技进步的影响。我们也需要留心关注这种趋势。

但是，无论表达方式随着时代的发展发生何种变化，都有我们不得不学习、掌握的基本知识。如果我们随波逐流，那么我们写的东西就只有和我们生活在同一时代、拥有相同价值观念的人才能看得懂，想要通过语言向除此之外的人传达信息是不可能的。

但是阅读过古今中外各类名著的人说起话来，总显得有高尚的品格和良好的教养。其实这也是一种表达方式的体现，希望你牢记在心里。山崎大，认真读书吧！

问题19　经常被大家说发言内容模糊，缺少具体性

收件人　和田老师

主　题　经常被大家说发言内容模糊，缺少具体性

　　和田老师，谢谢您。现在每当上司和客户让我直截了当地将事情说明白的时候，我就会立刻警示自己：不要一针见血。

　　但是尽管如此，我在想要表达某些想法和观点的时候，经常会被大家说："你说的内容没有抓住重点。"也有人会说："你的发言内容模糊，缺少具体性。"

　　我希望人们在听到我的话时会说："我想看、想了解的地方就是这儿！"和田老师，到底有没有能激发人们强烈兴趣的办法呢？

方法19 | 像用望远镜聚焦一样，"瞄准"自己想要传达的信息

　　山崎大，你应该知道照相机的"广角聚焦"和"远射聚焦"的差别吧？

　　"广角聚焦"指的是毫无遗漏地将最大范围的场景拍摄下来。与之相对，"远射聚焦"指的是只着眼于拍摄你想要捕捉的事物，所以背景会变得模糊。换句话说，使用"远射聚焦"的目的就是向大家宣告"我想让大家看的就是这个"！

　　其实，你所说的可以引起人们强烈兴趣的表达方式与"远射聚焦"的拍摄方法很接近。不必在意无关紧要的事物，只把镜头慢慢拉近，聚焦于你想要拍摄的事物上。

　　例如，你想参加一个以早春为主题的摄影比赛。为此，你来到公园散步，寻找灵感。

你有3种方案可以选择：

（1）拍摄好天气时的公园全貌。

（2）拍摄正在其乐融融吃便当的一家人。

（3）拍摄将要发芽的樱花树。

那么，究竟哪一个才能更好地对应"早春"这一主题呢？

最终的答案就是大多数人选择了第3种场景。究其原因，是因为方案1和方案2是一种"广角聚焦"拍摄方法。换言之，即便不在春天，我们仍然可以拍摄出这样的场景。这样想来，与"早春"这一主题相对应的就只有通过"远射聚焦"方法拍摄的"樱之芽"了。

听到"早春"这个词，人们会在众多风景中将视线投向将要发芽的樱花树。当我们一下子把镜头聚焦在"芽"的瞬间，就清晰地感受到"早春"的气息。

借助"的"来强调聚焦的对象

即使没有照相机，通过语言也是可以聚焦某个事物的。这只需要借助定语修饰词"的"就可以了。

例如，我们把聚焦点从"樱花树"转移到"樱花树的芽"上。通过不断拉近与描述事物的距离，可以让大家更加有效地关注到你想要展现的事物。

拉面好美味。→拉面的汤汁好美味。

我家的孩子很可爱哟！→我家孩子的鼻子很可爱哟！

喜欢纽约。→喜欢纽约的音乐。

使用定语修饰词"的"就可以聚焦于所强调的对象，那么也就可以很好地明白要关注的重点。最后你就可以清楚地把想法告诉大家。

那么，我们借助定语修饰词"的"来描述一下新品酸奶吧！

我想要充分感受酸奶的高档之处。→我想要充分感受酸奶**的包装盒**的高档之处。→我想要充分感受酸奶**那印着闪闪发光的皇冠的包装盒**的高档之处。

使用定语修饰词"的"来聚焦所强调的对象，就会逐渐接近你想要展现的事物核心。

日常生活中要养成使用"……的……"句式的习惯，这对你的表达很有帮助。那么，请试着做做看吧！

> **要点** 使用"……的……"句式，可以明确你想要大家了解的重点。

问题20　如何做才能够让对方感同身受

收件人　和田老师

主　题　如何做才能够让对方感同身受

　　和田老师，您好。我最近很苦恼，因为我和版田女士吵架了。虽然起因只是日程安排上的一些小分歧，但是由于这几天的忙碌和各种"小插曲"，大家的脾气都变得焦躁不安。

　　只因为我说了一句"真做不下去了"，版田女士就不再理我了。老师，请您告诉我该怎么说才能跟她和好呢？情况紧急，请您一定要"救"我啊！

方法20 | 用"我们"来做主语，引导对方与自己保持同一情绪

　　我还以为你要继续讨论关于"表达"的话题，没想到是让我当"吵架裁判"。好吧，其实在推进某个项目的时候，吵架也是很有必要的。特别是像你和版田女士这样的关系，更是容易产生一些小摩擦。虽然吵架了，但是在争吵的过程中感情也会不断升温。

　　那么，在我教给你如何修复关系之前，让我们来回忆一下当时吵架的情形。

　　"**我**不是那个意思。"

　　"**你**难道不应该早点说吗？"

　　"不对。**我**觉得这是错误的。"

　　"难道**你**一直是这么想的吗？真让人沮丧！"

大概是这种感觉吧?

使用的主语,要么是第一人称"我",要么是第二人称"你"。使用第一人称来强调自己的意见,使用第二人称来责备对方。

其实,从语言上就能看到,本来是同一团队的两个人却互不相让、指责对方的样子。

要想修复关系,你就要选择一些可以使双方再次同心协力的句式,那就是"我们……"。

无论你们因为何种理由发生争执,如果一直持续这种状态的话可不行,一定会耽误工作。山崎大,你既是下属,又是男孩子,那么一定是你主动道歉比较好。你可以在说完"对不起"之后,继续询问:"接下来我们该怎么做呢?"你要把主语由"我""你"转换成"我们",用来强调我们是身在同一战壕的战友。我想版田女士也一定能够理解。

技巧就在于"使之成为自己的事"

演讲家美国第44任总统奥巴马在演讲的时候经常使用

"我们……"的句式。这是众所周知的事情。这里面包含了"我们大家一起做"的含义。

奥巴马在最初的演讲中以"是的，我们一定行！"（"Yes, We Can!"）开篇。在最后的演讲中，他以一句"是的，我们做到了！"（"Yes, We Did!"）来结束。

他通过使用"我们"一词，把美国团结为一个整体。

山崎大，你不仅要在修复和版田女士关系的时候使用"我们"一词，在今后的工作中也应该继续使用。

"日本人现在生活的社会充斥着史无前例的压力。"

"我们现在生活的社会充斥着史无前例的压力。"

使用"我们"一词，就使之"成为自己的事情"。

不要使用"葛元食品公司"，而选择使用"我们葛元食品公司"。这样就可以使公司上下一条心。

山崎大，你要记住，"对话"是需要和听者共同完成的。

无论是开会还是制作策划案，不要一味地论述"自己的主张"，要学会和对方一起共同创造"同心同德的故事"。

　　这种场合下发挥作用的主语就是"我们"，所以在以后的生活中多使用"我们"一词吧！那么，试着做做看吧！

要点 只使用"我"和"你"，不会拉近距离。

作者的总结 ❽

我在《朝日小学生报》[⊖]中开设《写给茫茫人海中的你》这个专栏已有4年了。在这个专栏写的文章都是书信体形式的，而且字数为550字左右。为此会收到很多小朋友的来信，有些是读后感，有些是想和我讨论的事情。

在这些小学生的来信中，存在着许多错误，还有一些来信语言颠三倒四，语无伦次，不知所云。但是他们在信纸上画上各种各样的插图，贴上贴画，画上连载漫画的人物角色，或者制作我的人物简笔画……他们尽自己所能来完成这封书信。每每读到这样的书信，我都会不禁思考究竟什么是"表达"，什么是"传达信息"。

这次，和田老师教授了4个方法：①有意识地将内容控制在40个字符；②表达时尝试加入大量具体的有关"想要对

⊖ 《朝日小学生报》是朝日新闻报社下属子公司朝日学生报社自1967年4月10日起面向小学生发行的日报。——译者注

方做的事情"的词语；③果断扔掉在学校里学到的那些所谓的常识；④用"我们"来做主语，引导对方与自己保持同一情绪。

这些方法都是经过我亲身实践证明确实行之有效的方法。如果你能熟练掌握并使用的话，就会更快地让别人理解你的话。同时你说话的深度也会不断增加。

正因如此，请多加重视。学习这些方法和技巧也至关重要。但是更重要的是我们要像这些小孩子学习。他们竭尽所能地让自己的信件变得完美，传递出一种"希望你能阅读、能理解我的心情和能给我回信"的热情，而这种热情正是我们要学习的地方。当拿到这些想要倾诉内心想法的信件时，感受到的重量和温度是不同的。原来一篇文章可以传递温度。

我希望阅读这本书的各位一定要理解这一点。

无论你掌握了多少技巧，如果你想要传达给对象某些信息的想法并不强烈，那么对方是无法感知你的心情的。如果你是出于一种"因为是工作而不得不做"的心情去写文案，那么最终也会被大家忽略。

请不要忘记你向喜欢的人表白时的那种欢呼雀跃、忐忑不安的心情。因为那也是在锻炼你的交流能力。

我们终于一起走到了最后一天。在这一天，和田老师将会讲解"说服力"这一话题。让我们怀揣欢呼雀跃的心情来迎接吧！

版田千寻的表扬方式

版田千寻女士从三鹰女子大学毕业之后进入了葛元食品公司。她在大学时期所学专业是"日本文学",毕业论文的研究对象是"宫泽贤治"。她在通过公司内部的职务资格审查之后被分配到宣传部,在宣传部工作了4年后,又调到了信息部。现在是版田女士在信息部工作的第4年。在宣传部中,同时拥有宣传部和信息部工作经历的人只有她一个。所以,她是大家的"主心骨"。

据传闻说,她在大学时代曾经做过杂志模特。她总是一副大步前行、英姿飒爽的模样。她笑起来的时候,无论从哪个角度看都很美丽。但是漂亮的玫瑰一定会有扎人的刺,她说话辛辣刺耳、不依不饶,甚至有些惹人不快。当山崎大说他的上司是版田女士的时候,一位年长他两岁的同事对着山崎大双手合十,说:"节哀顺变。"

但是在真正工作过程中，山崎大并没有觉得版田女士惹人厌烦。为此他反复问了自己无数遍："为什么？这到底是为什么？"虽然那个时候山崎大还不知道"5个'为什么'"这个思考方法。

当他学会了"辩证法"后，理解了版田女士让他关注"产品的短板"的原因。有时候版田女士会说："你写的文章太长了。"之后会让山崎大修改多次。但是在山崎大尝试将文章总结成只有40个字符之后，她也会笑着对山崎大说："嗯。写得很棒！"

山崎大觉得大家一直对版田女士有所误解。版田女士会适时地给予对方简短的表扬，除了会说"嗯，干得不错"，还会说"这个可以采纳""好，就这么做"等。其中让人觉得高兴的表扬方式就是"比昨天好多了"。之前的上司总是会说："和××比起来，你的想法太幼稚了。"他总是会把山崎大和别人做比较，山崎大曾为此苦恼不已，看着周围的同事不停地唉声叹气。

适时地给予对方简短的表扬。不拿对方和别人做比较，只跟昨天的他（对方）做对比。

山崎大一直介意自己是理科出身，总觉得自己词汇量不足，低人一等。但是版田女士的这种表扬方式让山崎大觉得轻松了一些。毕竟，在吃午饭的时候，山崎大成功地在30秒内说出10个名字的情况越来越多。每当这时，版田女士都会笑着说："山崎大，你懂的好多啊！"这时，山崎大实实在在地感受到工作之余的"和田老师效应"。

山崎大心想："我想变得更加有自信，更加强大！"

明天就是课程的最后一天了。

第 **5** 天

让语言具有
说服力

最后教给你一个独家技能，可以让你的语言具有可信度和说服力。如果你能掌握今天学到的知识，那么只要你一开口说话，就能一下子抓住对方的心，让对方不由得感慨一声："原来是这样啊！"

问题21 有没有可以引起听者或读者兴趣的诀窍

收件人 和田老师

主　题 有没有可以引起听者或读者兴趣的诀窍

　　和田老师，您好。我们最终还是迎来了学习的最后一天。我忐忑地迎来了今天的朝阳，打算在今天的邮件中尽可能多地写一些自己想要咨询的问题。还请您不吝赐教。

　　今天我想问的是该怎么做才能让对方一听到我说话就立马竖起耳朵认真听。我想就算产品的介绍说明准备得再完美，总是有人不听或者不读。

　　有没有可以引起听众或读者兴趣的诀窍呢？请您教给我吧！

方法21 | 准备10个痛苦经历或者失败故事作为谈资

早上好，山崎大。无论是哭还是笑，我们都迎来了最后一天。我也在不遗余力地帮助你。现在，我想问你一个问题。当你看到周报和早晨的综艺节目时是什么样的感觉呢？

你是否会觉得八卦太多了？当然也会有人说："总是谈论别人的隐私问题，这样真的好吗？"但是，如果周报上不再刊登这种文章，就永远都无人问津了。也就是说，人们对各种八卦新闻很感兴趣。

人们对各种"隐私"有着最大限度的关心，这是人的本性。

如果你很了解这一点，就能很快分清敌友，从而就能判断出某人或某事会不会给自己所在团体带来危害。

我们应该熟练运用人的这个本性，通过有效地展示某些

隐私信息，让对方产生想要深入了解的心理。并且这样的做法也会让对方觉得你只把这件事告诉了他而没有告知别人。

如果你能熟练使用这一技巧，就能一下子吊住人们的胃口。

你是否有已经准备好的话题了？

下面我来教你方法。山崎大，你在参加招聘会的时候，是不是也曾认真准备所要介绍的自己的成果或者结合自己的性格谈一谈过去的生活经历等相关内容？

现在请你拿出一张纸来写下8个从你出生到现在发生的趣事。

学校生活、亲子关系、最失败的事、最成功的事、备考学习经历、恋爱体验、爱好、旅行等都可以成为你的备选项。把那些可以称为"人生转折点"的事情作为人生的重要体验总结下来。

你可以通过这项工作整理自己的人生，从而更加清楚地认识到自己是一个什么样的人。同时，当你想要对方了解自己的时候，这些整理出的经历都会成为你随时随地可以使用的"武器"。

同时也要提前准备出两个清单，分别是"这一个月内发生的事"和"今天的趣事"。

如果你有10个可以用来讲的趣事，那么你和别人交谈的时候就不会因为没有话题而尴尬了。

另外，对方也会想："这个人给我讲了他过去的事情啊！"他会为此感到开心。那么，怎样才会有这些可以随时拿来讲的趣事呢？那就需要你提前准备了。

通过讲过去的事，人们可以建立相互信赖的关系。当然并不是只能讲述个人生活经历。日本放送协会（NHK）曾经做过一个叫"X计划"的节目。节目的主要内容就是邀请企业员工来讲述开发某款产品过程中遭遇的种种失败和苦恼。

这个电视节目通过讲述工作人员为了研发出某款产品流了多少泪、发生了多少次争执，来达到让观众感同身受、对产品产生强烈兴趣的效果。

你现在正在着手宣传的酸奶产品，想必在研发过程中也有很多坎坷，也经历过很多次的挑战、挫折和争吵吧？

这绝不是某个人的事情。在整个研发过程中，既有研发人员也有管理者，还有现场营销人员参与其中，我们甚至可以把下发销售命令的董事长列入团队之中。我们可以从这些人的身上寻找素材。另外，还可以加入一些关于产品开发的"秘密故事"。这样一定可以让更多人产生同感。

人们都喜欢听"苦难故事"。人们能从超越苦难、克服失败的故事中找回勇气。相反，如果你只是给大家讲自己的成功经历、幸运故事或者吹牛，那么只会招来别人的嫉妒和厌恶。他们也丝毫感觉不到有趣。

到底谁的故事可以成为"趣闻素材"并且可以获得很多人的同感呢？这个问题你可以和版田女士好好研究。那么，试着做做看吧！

要点 ❯ 人们总是对不为人所知的趣事充满兴趣。

问题22　请教给我可以用来提高话语可信度的"列数据法"

收件人	和田老师

主　题	请教给我可以用来提高话语可信度的"列数据法"

　　和田老师，您好。感谢您教给我的趣闻表达法，我已经开始和版田女士着手筛选可以给我们讲"开发秘事"的人了。

　　那么，我就不跟您客套了。我想请教您的问题一直是我的痛处。请您教给我数据和数字的使用方法吧！虽然我觉得一定要十分精准地填入数字，但是周围的人都在说："数字太过于精细的话，不会在人们脑海中形成印象。"也有人说："即使你能很快让我们看到数据，我们也不明白。"

　　请您告诉我到底该如何处理数据和数字呢？

方法22 | 只使用"可以代替表意模糊的形容词的数字"和"会引起别人惊呼的数字"

山崎大，你能考上明蹊大学的农学系，就说明你在处理数字和数据方面是优于其他人的。但是，想要尝试这款新品酸奶的人并不都是像你这般擅长处理数字的人。

当人们听别人说话时，有些数字会一下子引起他们的惊讶之感。这些数字之外的数据其实并没有太大的作用。详细准确的数字只作为证据总结，整理出来就好。

那么，什么才算是易于理解的数字呢？在大学里，我曾把这称为"给别人指路"。我们在给初次见面的人指路时，有以下两种说话方式：

（1）请沿着便利店前面的那条路一直朝前走。

（2）请沿着便利店前面的那条路大概向前走30米。

哪一种表达方式更好呢？答案一目了然。

天气炎热的时候，与其说"今天真是太热了"，不如说"今天的气温居然超过了40℃"。

在日常对话中，我们经常会说"稍远一些""太热了"这样的形容词。而所谓"易于理解的数字"指的就是能够把这些形容词的属性准确传达出来的数字。

首先，你要记住，第一种"易于理解的数字"指的是"**能够代替表意模糊的形容词的数字**"。在小学生时代学习的数学应用题都是不会使用模糊不清的形容词的。你可以好好读一读。

其次，第二种"易于理解的数字"指的是"**会引起别人惊呼的数字**"。例如，我们采访时询问一个问题："**昭和**⊖时代的孩子和**平成**⊖时代的孩子最讨厌的食物是什么？"你觉得是什么呢？

昭和时代的小学生最讨厌的食物中排名前三的是西芹

⊖ "昭和"是日本第 124 代天皇裕仁在位时使用的年号，使用时间为 1926 年 12 月 25 日—1989 年 1 月 7 日。——译者注

⊖ "平成"是日本第 125 代天皇明仁在位时使用的年号，使用时间为 1989 年 1 月 8 日—2019 年 4 月 30 日。——译者注

（13.6%）、动物肝脏（13.0%）、纳豆（12.9%）。

而平成时代的小学生最讨厌的食物中排名前三的是苦瓜（28.3%）、西芹（14.7%）、柿子椒（12.0%）。

我们可以很快看出平成时代的小孩对苦瓜讨厌至极（数据来源于2018年1月1日"小伙伴WEB杂志"）。

这样和生活息息相关却又让人觉得意外的数字一定会引起人们的注意。

那么，我们来看一下和酸奶相关的数据。

2018年9月11日社会福利卫生部（厚生劳动省）发布的数据显示，在20~30岁的人群中，30.6%的男性和23.6%的女性不吃早餐。即便是吃早餐，也只是吃一些点心或者水果。（数据来源于《平成29年国民健康・营养调查结果概要》）

看到这些数据，你一定会惊叹："那我们的新品酸奶一定能在20多岁的年轻人中卖得很好！"我希望你能把"有没有引起人们的惊叹"作为衡量的标尺，来决定要不要使用这些数字。

另外，我还希望你记住的是不要过分依赖数字。

当我们说"有几个'东京巨蛋'（一座位于日本东京文京区的大型体育馆）那么大""富含几颗柠檬那么多的维生素C"

这些话时，如果对方根本不知道"东京巨蛋"的面积，也不
了解一颗柠檬中维生素C的含量，那么大部分的人都不能很
好地理解我们传达出的信息。

　　所以与其使用具体的数字，不如说"特别广阔""满满的
维生素C"。与其去搜罗谁都没有切身感受的例子，还不如使
用一些大家一看就懂的图形或图表。

　　说起数字，它在视觉上带给人的冲击力要大于听觉，这
不正好是你擅长的领域吗？那么，自信满满地试着做做看吧！

要点 ┊ 不能让人产生诡异感的数字都是无用的。

问题23 如何才能使话语具有真实性

收件人 和田老师

主 题 如何才能使话语具有真实性

　　和田老师，您好。我已经明白您教给我的"列数据法"了。与其举一些蹩脚的例子，不如使用一些易于理解的图表。我还是挺擅长做这些的。

　　剩下的时间不多了，我还要继续向您请教。我写了很多稿子给周围的人看，结果他们都说"没有真实性"，也有人说我没有听到用户的声音。

　　老师，有没有办法可以让文章具有可信性？请您教给我吧！

方法23 | 主动搜集"肺腑之言",增加话语的真实性

非常好，你注意到了一个非常好的点。

山崎大，当你准备买东西的时候，会选择什么作为参考条件呢？

你可能会去看网上大家写的各种评论或者实际购买过的人给出的推荐理由。因为在上面你可以看到大家用真情实感写出的种种关于该商品的便利和不便之处。如果这个人从没使用过这件商品，他是写不出来的。在网络普及之前，我们如果想从使用或者食用过某件商品的人那里得到一些参考信息，那么只能把目光限定于我们的朋友和熟知的人。

但是现在情况发生了变化，更多人开始阅读网上的评论了。因为现在那些评论可以左右人们的消费行为，发挥着比

广告文案还要重要的作用。

这些评论都是普通人写的自己的真情实感，所以具有真实性可言。我觉得你所说的"真实性"大概指的就是这个吧！

换句话说，"说的话没有真实性"其实就是"没有消费者那样的亲身感受"。

接下来我们说一些题外话。有一部叫《凡尔赛玫瑰》（集英社出版，作者为池田理代子）的古典漫画名作。在我们公司里有一个女职员追这部漫画好几十年了，无数次为之流泪。

我觉得很不可思议，就去问她："这本书哪里写得好呢？"听罢，她这样回答我："100年以后，奥斯卡·法兰索瓦·德·杰尔吉将会作为一名实实在在存在过的人物被写入历史书中。"

换句话说，虽然奥斯卡只是池田理代子虚构的一个人物形象，但是在全世界的小孩子一边流泪一边阅读的过程中，它就渐渐地被大家视作一个"实实在在存在过的人物"了。所以，那位女职员会说："这才是名作啊！"

正因为她是深爱这部漫画的读者，才会说出这样的肺腑之言。这样富含深意的句子简直可以写在漫画书的腰封上。

饶有趣味、富含深意的句子充斥着大街

让语言具有真实性的方法，就是竖起耳朵认真地听别人说话。

去敬老院拜访老人后准备回家的家人会说："有些难过，但也觉得内心很温暖。"女高中生在坐电车的时候会说："喜欢悲伤的歌曲。因为它们总是让人觉得放松。"在小酒馆里，那么白领们都会笑着说："肥胖和缺钱是咱们的通病啊！"

这样饶有趣味、富含深意的句子充斥着大街。如果你能把这些语言搜集起来，那么你的话一定会具有真实性。

现在我们回归工作话题。

宣传这款新品酸奶也是同样的道理。你可以邀请大家品尝酸奶，之后认真倾听大家的感想。当人们惊叹时，有人会说："啊！"有人会说："噢！"即使是这样细微的差别，也是你需要注意的地方。

使用感叹词"啊"，其实是一种感觉意外时的反应。而"噢"则表示结果和自己的猜想一致。"是过去熟悉的味道……""入口没什么味道……""觉得有点儿像点心……""面向成人啊……"等，这些话其中的任何一句都会让你的语

言具有真实性。

这些都是别人的真情实感啊！

我们可以把它们称为"肺腑之言"。无论是开会还是思考文案的时候，只要使用了这些"肺腑之言"，就会让你说的话具有很强的说服力。

"肺腑之言"的搜集和商务表达能力有直接关系。那么，请试着做做看吧！

要点 ⎫ "肺腑之言"可以引起人们的同感。

作者的总结 ❾

语言真是一种不可思议的事物。一件重要的事绝不是简简单单说几句就可以草草了之的。但是有时即便你说得很明白，却因为说得过多而不能给听众留下深刻的印象。

你应该也有过这样的经历：在你的学生时代，你对老师讲的课程本身没有什么印象，但是对老师说的一些有趣的题外话却印象深刻，铭记在心。

其实，扩大讨论内容的范畴就会不自觉加入一些"题外话"。虽然偶尔会偏离主题，但是为了加深人们的印象，我们应该在说话的时候加上一些杂谈或者脱离原义的闲话。

和田老师教给了山崎大3个技巧：

（1）准备10个痛苦经历或者失败故事作为谈资。

（2）只使用"可以代替表意模糊的形容词的数字"和"会引起别人惊呼的数字"。

（3）主动搜集"肺腑之言"，增加话语的真实性。

经历、数字和闲谈。"什么？还有这样的内幕？""还有这样的数据？""原来大家都这么说！"和田老师教给大家要时刻关注这些和人的情绪相关的种种信息。

为了能够把这些东西真正为自己所用，就需要我们经常做笔记记录下来。除此之外，为了能够有效地利用这些知识，我们还需要把它们整理清楚。我发现在我教的学生之中，有很多人都用手机记笔记。有时他们向我请教问题，不是带着笔记本，而是让我去看他们的手机，这让我感到很诧异。当然，我并不是说用手机记笔记这件事不好，只是利用笔记本记笔记的话更有利于记忆。

我总是在胸前口袋里装一个小尺寸的皮制笔记本。因为是活页型的，并且纸张大小跟名片差不多，所以我可以随时更换笔记本中的纸。我会在上面记录感兴趣的数字、别人的发言和信息、在电视或杂志上看到的有趣的新闻和作为备忘录等。我有时也会写一些鼓励自己的话，带着它奔走于生活中。

想要扩大讨论内容的范畴，就需要脚踏实地地努力啊！那些有趣的新闻虽然有可能是道听途说，但是却能让你的话深深地印在别人的脑海中。

问题24　如何在每次一开口说话的时候一下子抓住对方的心

收件人　和田老师

主　题　如何在每次一开口说话的时候一下子抓住对方的心

　　和田老师，谢谢您。能与您这样交流的时间不长了。我和版田女士决定利用这有限的时间，把问题集中在"最想知道的事情"上。

　　我这次想问的是关于"开口说话"的问题。无论是在会议上还是商业谈判中，我在最开始的时候应该如何开头才能一下抓住对方的心呢？我觉得这一点很重要。

　　一定存在这样的诀窍吧？同时也为了能够增强语言的说服力，请您不吝赐教。

方法24 | 每天早晨拼命地构思当天的话题

　　山崎大和版田女士真的是提出了一个很好的问题。就像之前你问我的关于"趣闻"和"数字"的技巧一样,这次你们还是想增强语言的说服力。另外,你们还想一张口就能抓住对方的心。那我就教给你一个办法——"应景话题"。

　　你有没有考虑过为什么日本人每天都会最先讨论"天气"这一话题呢? 因为"天气"是双方共同拥有的"应景话题",可以通过它来开始谈话。

　　"现在白天变长了呢!"

　　"的确这样。听说今天福冈地区的樱花都开了呢!"

　　猛地一看都是一些没有营养的话题。但是在漫长的历史中,日本人已经普遍养成关注季节变化和推移的习惯,能够理解彼此的"季节感"。所以讨论天气是一个最具有代表性的

"应景话题"。

当然还有其他的话题。例如，在昨天的世界杯足球赛中，日本队一改劣势，反败为胜。这一话题也可以抓住对方的心。

"拜它所赐，我一晚上都没睡！"如果你以这样的语句来开口表达的话，那么一下子就和对方心意一致了。

今天是怎样的一天呢？

这种现象不只是存在于广告界。那些被称为销售专家的人为了找到适合今天使用的"应景话题"，每天早晨都会绞尽脑汁地构想。

他们寻找话题的范围极其广泛。报纸和推送的网络新闻自不必说，就连电视综艺节目和电车里挂着的吊牌广告他们都不放过。这些人努力从中寻找可以用来吊人胃口的素材。除此之外，还有很多话题可供选择。例如，股票动态、社会动态、体育新闻、娱乐八卦、稀奇食材、人气餐厅等。总之，对一切新的话题都能显现出浓厚兴趣。

"我不擅长这个领域啊……"当你产生这样的怯弱心理时，就无法成为一名交谈高手。我也是这样做的。无论喜不喜欢，我每天都会看晨间电视娱乐节目。

受惠于此，我现在已经熟知那些成为大众话题的食物和健康养生法。我经常把这些作为"钩子"来和周围的人交谈。

除此之外还有很多"应景话题"。

山崎大，你应该知道"二十四节气"和"七十二节气"这两种旧历特定节令法吧？如果你用手机查一下的话，就会知道今天是2月18日，也是"立春时节的最后一天"。从明天开始就是"雨水"这个节气了。

这是一个雪花化作雨水的季节啊！"雨水"这个词真的十分形象地表现了春天悄然而至的感觉。

然后你再用手机顺便查一下"今天出生的人"。

例如，今天是2月18日，那么在今天出生的人有"上杉谦信"和"小野洋子"。如果碰巧有人说："今天是我的生日呢！"那么这个时候你就可以说："你和上杉谦信的生日是同一天呢！"这样既可以抓住对方的心，也可以增强话语的说服力。

在某家超市的员工办公室的门上，每天都会贴上一张纸。纸上写着"今天是……的一天"。

上面不仅可以写"天气"和"纪念日",甚至还可以写上一些自己周围发生的事情,比如"附近小学召开了运动会"等。我看着那些员工们纷纷把自己想到的事情填到纸上的样子,感动不已。

走出店门的员工大声说着:"今天是高温持续的第3天了!我一定要让我家老爷子吃肉啦!"

"哈哈!那一定是最近的营业额很不错!"我不禁产生这样的想法。

我想如果是你和版田女士搜集"应景话题",一定如同囊中取物。所以,你们要想增强自己说话时的说服力,试着做做看吧!

> **要点** 在以你为中心,半径1米的范围之内,一定存在着"素材"!

问题25　怎样结束对话才能让
对方觉得余味无穷

收件人　和田老师

主　题　怎样结束对话才能让对方觉得余味无穷

　　和田老师，您好。还是到了问您最后一个问题的时候了。我们的5天之约也马上要结束了。老师，这段时间真的太感谢您了。这5天将是我一生中最宝贵的财富。

　　那么，我现在问您最后一个问题。我希望在活动结束的时候，前来参加宣传会的人们都能觉得回味无穷，不由得赞叹："真是太棒了！"为了达到这样的效果，我该注意哪些方面呢？

方法25 | 使用现在5倍数量的"谢谢"

山崎大，现在已经中午12点了！感谢你一直陪我到现在。我也要向你道谢。从开始到现在，我一共教给你了24个解决问题的方法。现在教你最后一个。

山崎大，除了"谢谢"，你还知道多少可以表达"感谢"之意的语言呢？

"不胜感谢""给您添麻烦了""让您费心了""感激之情无以复加""感激之情无以言表""谨此致谢"等，像这样的感激之词在商界数不胜数。

为什么会有这么多表示感谢的词句呢？说到底最重要的原因还是因为极有必要使用这些表达方式。**其实不仅仅是商务，只要是为了人际关系和谐，都有必要使用各种各样的语言来表达感谢之意。**

171

我们没有必要觉得这非常难。因为在日常生活中我们会经常用到"谢谢"或者"托您的福"这样的感激之词。但是我们从现在开始要有意识地使用现在5倍数量的感激之语。

在开会的时候，当别人把资料传给你的时候记得要说"谢谢"；当老主顾向你提出问题的时候，也要记得说"谢谢"。

你要不断地道谢，要让这些感激之语成为你一天中说的最多的话。没有人会厌恶别人的感激之词。无论一天中说多少次"谢谢"都不会遭到别人的厌烦。**如果有一句"咒语"可以瞬间抚平对方心情、让人心情愉快，一定就是"谢谢"。**

如果你希望在活动结束的时候，前来参加宣传会的人们都能觉得回味无穷、赞叹不已，那么就要多说一些"感激之词"。这些感激之词不仅要体现在董事长的演讲稿中，甚至应该让主持人和策划者多多使用。

这些感激之词可以用在任何商务交往场合。

例如，前一天你跟老主顾一起吃了饭。第2天早晨，当对方检查邮件收件箱时，收到你发来的感激之词，那他一定会欣喜不已。这是优秀商务人士必须要懂的"铁的法则"。

并且，你不能只说一句"谢谢"。

记得要在邮件中详细地描述昨日聚餐时的有趣场面和让人受益匪浅的话语。你可以说"我回家就读了您推荐的书""我现在也开始学着关注自身健康了"等一些关于自己行动的话。这样你在写感谢邮件时，系统地表达了感谢、具体、行动这些要素，就能很快拉近与别人的心理距离。

无论从事什么工作、在什么场合，都要使用感激之词。这是让对方开心的奥秘。

话说回来，现在也是我要向你道谢的时候了。你很好地配合我一起度过这5天时光，真是万分感谢。

5天前的你还向我请教说："我应该从哪里做起呢？请您教给我最为基础的知识吧！"从那之后，你就踏实地按照我说的去做，虽然偶有诉苦，但是你最后还是咬牙坚持下来了，并且还在日常工作中得到了大家的表扬。

过去你只考虑"自己"一个人，现在的你却能很好地体察别人的心情，这是你最大的收获。

当你认真考虑"我的交谈目标是谁"的时候，思索、总结、传达语言信息的能力就产生了。

山崎大，你通过自己的努力已经有了很大的进步。我相信你已经出师了，可以一个人胜任工作了。感谢你这5天的陪伴。同时也祝贺你毕业。

希望你以后的人生多姿多彩，祝你一帆风顺！

作者的总结 ⑩

　　和田先生的邮件课程结束了。

　　在最后一天，和田老师一共讲了5种非常重要的"增强语言说服力"的方法：趣闻活用法；数字和数据使用法；增强话语真实性的方法；用来抓住人心的"应景话题"使用法；让对方感到满足的道谢法。

　　从开始到现在，和田老师教授的解决问题的方法一共有25个。

　　第1天，和田老师教授的是：尝试30秒内说出10个事物的名字；果断删除脑海中的形容词；"实况转播"眼前看到的事物；用掌握的词汇与"镜中的自己"交流；获取某种信息后只保留3种。使用这5种方法是为了锻炼已经"生锈"的大脑，使之能够"浮现语言"。到了第2天，老师把重点从"浮现语言训练"转向"思考训练"，同时教授了5种方法：养成"站在别人的角度思考问题"的习惯；尝试为日常生活中每一件漫不经心的小事寻找理由；说话时要有"牢牢抓住重点"的意识，明确要点、整理思路；尝试创建某种思路，提出假说；运用"个人头脑风暴法"激发大脑灵感。第3天老师主要教授了5个方法：为了探求事物的本质，每次都问自己5个"为什么"；利用哲学家黑格尔的"辩证法"，将每一次"危机"转化为"机会"；目标明确化，全方位构想周边信息；通过拟人化，努力实现与对方的心有灵犀；通过"回想臆测"思维，就会发现很多以前看不到的东西。这5个方法的目的是锻炼大家有逻辑地"思考和整理"个人想法的能力。第4天教授的方法是：无论是书写还是说话，有意识地将内容控制在40个字符；表达时尝试加入大量具体的有关"想要对方做的事情"的词语；果断扔掉在学校里学到的那些所谓的"常识"；像用望远镜聚焦一样，"瞄准"自己想要传达的信息；用"我们"来做主语，引导对方与自己保持同一情绪。这5个方法主要用于有效"传达"个人思想的训练。最后一天，和田老师教了准备10个痛苦经历或者失败故事作为谈资；只使用"可以代替表意模糊的形容词的数字"和"会引起别人惊呼的数字"；主动搜集"肺腑之言"，增加话语的真实性；每天早晨拼命地构思当天的话题；使用现在5倍数量的"谢谢"可以增强语言说服力的训练方法。

如果你能有意识地掌握并使用这25种方法，那么你就拥有了思索、总结和传达语言的能力。

如果可以，我希望大家也能够像山崎大一样在日常生活中有意识地使用这25种训练方法。偶尔翻开书看到某一页时会说："我想尝试一下这个训练方法！"希望各位能够在时间充裕时挑战其中一两个训练，并慢慢地将其培养成一种习惯。

在不知不觉间，你发的信息，与朋友或家人的交谈，会议、谈判时的发言、策划书和报告，你的着眼点、思维方法、表达技巧等就会变得简单易懂、亲切温暖，还很有说服力。

距离新品发布会还有一周的时间。已经结束"培训"课程的山崎大和版田千寻女士是如何一步步攻克难关、认真筹备的呢？接下来让我们看一下他们现在的状态吧！

山崎大，跑起来

　　葛原食品公司正在紧锣密鼓地准备"Yogurt Bit"[⊖]宣传活动。

　　在决定这个名字的时候，山崎大、宣传部和广告公司的员工在一起冥思苦想。换作以前，山崎大一定像个没事人一样置身事外、袖手旁观。但是这次他却一改常态，**提出了33个命名方案**。这让大家惊叹不已。

　　当然不仅仅是数量多。他还**将商品拟人化**，问大家："如果我们把商品比喻成某位明星的话，那应该是谁呢？"接下来，他描绘了叫"Bit家族"的一家人正在食用酸奶的场景，然后说："我们把这个叫'Bit家族'的理想家庭当成出场角色吧！"这一提案受到了大家的一致认可。

　　另一边，版田女士使用"5个'为什么'"的方法，反复向相关人员提出一些诸如"为什么没有选择外资公司，而是

　⊖　本书中葛原食品公司推出的新品酸奶品牌名称。——译者注

选择在帝国大厦这样的老字号酒店开宣传会"等问题。

最开始相关工作人员对于这种近乎执拗的提问感到厌烦，后来却都开始抱头深思。

会议室的白板上画着三角形，那是用来实践"黑格尔辩证法"的。她问道："在这里召开新品宣传会的消极影响是什么？"之后她又说："会不会让人觉得过于传统、死板呢？"她一边说着一边把这些消极影响迅速写在三角形的右侧。并且她在整个过程中一直向在场的所有人说"谢谢"。那种干净利落的声音让人感觉很舒服。

和田老师讲的知识甚至都影响到了葛原食品公司的董事长——音羽祥晃先生。

当版田女士向他提问有没有关于酸奶的个人趣闻的时候，他一边晃着头一边说："小的时候经常闹肚子，妈妈就会让我每天都喝葛原食品公司生产的酸奶。这也是我日后进入这个公司的契机啊！"虽然超出了限定时间，但是大家也充分了解到董事长儿时的事情。

另外，扮演"Bit家族"的家庭成员的演员都是当红明星。想让他们同时都到场是一件非常难办的事情。因为每个人都有自己的习惯。

为了能够让大家在记者面前演出"理想家庭"的样子，版田女士拜托"爸爸"角色的饰演者——渡边启一先生在说话的时候使用"我们"一词。应允下来的渡边先生一边表演，一边满面笑容地对大家说："咱们家……"其他家庭成员的扮演者看到渡边先生的样子深受感动，在不到30分钟的时间内，就营造出了真实家庭才会有的气氛。

山崎大正在努力改造生活本身。他一边观看过去从没看过的早间娱乐节目，一边做笔记。在电车上，他一边眺望着车厢中悬挂着的广告吊牌，一边侧耳倾听周围人的对话，以此**来搜集"应景话题"**。除此之外，他对小孩子也说"谢谢"。

过去大家都会说："你怎么说话糊里糊涂的？我不明白你在想什么。"为了一雪前耻，他会对工作人员说："现在我来给你解释一下我为什么会那么做。"现在的山崎大会**时时刻刻留意去向大家解释说明自己的行为**。

在说话的时候，他开始极力**避免使用**"美味的""漂亮的""有趣的"这类**形容词**。取而代之的是努力锻炼"五感"，使用"只是看一眼，就会觉得很惬意"或者"口感很好，也很筋道"等语言来**充分表达自己身体上的真实感受**。

版田女士利用"**创建思路，提出假说**"的方法提出"要把记者朋友们当作帝国大厦的客人"这一想法。考虑到这些记者可能不仅只是来取材的，也有人可能会在酒店过夜，建议最好在酒店里准备好装满"Yogurt Bit"的小器皿。这样可以达到很好的宣传效果，也可以让他们感受到酸奶的浓郁口感。为此，工作人员与酒店方面进行了积极沟通。

"想要款待各位记者朋友""想要各位记者朋友们品尝酸奶味道""把酒店的款待服务纳入此次宣传会活动中"……版田女士**不断使用不同的"动词"，**这些话言简意赅，也很快和酒店达成一致。**把主语换成"我们"，**这样也就把酒店一方的相关人员"拉拢"过来。

山崎大准备的演讲稿也到了收尾阶段。在产品宣传中，非常重要的一个亮点就是公司发现的一种乳酸菌——"Bit菌"。虽然公司非常想要强调这一发现及其相关数据，但是山崎大在准备演讲稿的过程中，<u>只要不是那些可以引起非专业人士惊叹的数字或数据，他就努力控制使用频率</u>，把这些数字或数据放到其他附加材料中。

他不仅站在自己的角度考虑问题，还站在研究人员、记者、社长等人的角度考虑问题，甚至会站在想要品尝酸奶的

顾客的角度去考虑。他时刻注意不能把发言稿写成一篇自以为是的文章。董事长在发言稿上签字的时候，距离新品发布会只剩3天了。时间已经十分紧迫了。

发布会当天。

山崎大为了迎接这一天，穿上了新的衬衫、西服。因为版田女士对他说："最后的时刻，打扮和笑容很重要。"

版田千寻女士穿了一身藏蓝色套装，又配上了一件前领华丽的白色罩衣。现在她正镇定自若地在记者席上摆放资料。在那些等间距摆放的资料中，可以清楚地看见山崎大用尽浑身解数完成的商品介绍。

下午1点，等候室的工作人员通过报话机宣布"Bit家族"闪亮登场。之后，音羽董事长站在舞台的中央，向大家郑重行礼。在记者朋友们的闪光灯中，"Yogurt Bit"的发布会开始了。

葛原食品公司"Yogurt Bit"酸奶新品发布会

音羽祥晃董事长（记者招待会发言稿）

大家好，我是葛原食品公司董事长音羽祥晃。今日，大家在百忙之中抽出时间参加我们公司召开的"Yogurt Bit"新品酸奶发布会，我感激不尽。承蒙大家关照，不胜欣喜。

今天我们发布的新品酸奶叫"Yogurt Bit"。为了能够让大家亲身体验一下它的口感，我们特意为您准备了试用品。请大家赏脸品尝一下。

（酒店工作人员开始为大家呈上酸奶。）

感谢我们每一位工作人员。大家觉得味道如何呢？

在研发"Yogurt Bit"之际，我向研发工作者提出一个要求，那就是"一定要守住葛原食品传统的味道"。

我之所以这样要求，是有原因的。现在说起来要追溯到

35年前了，那个时候的我十分迷恋"葛原酸奶"的味道。这也是我进入这个公司的契机。

我小的时候经常腹泻。只要我稍微受凉或者压力比较大的时候，就一定会闹肚子。妈妈特别担心我，为此每天都让我喝"葛原酸奶"。酸奶的味道很好也很特别，渐渐地我又恢复了精神。

这种习惯一直持续到现在。虽然这只是我个人的经验之谈，但是我曾问过身边很多人，发现他们都像我一样从小就有喝"葛原酸奶"的习惯。谢谢大家！这是我们千金不换的宝物啊！

承蒙各位厚爱，葛原食品公司才能至今120年屹立不倒，至今仍深受各位的喜爱。真的太感谢各位了！

"葛原酸奶"的传统理念是追求"大家的健康"和"深受大家喜爱的美味"，现在我们发布的这款酸奶新品也是在这一理念的基础上研发的。牛奶的香味瞬间在口中散开，给人一种"贵族般的享受"。除此之外，我们还减轻了酸味，只保留了醇厚的余味。想必大家品尝之后已经感受到那种"虽然浓郁但却清爽"的口感吧！

另外，"Yogurt Bit"是我们公司和东庆大学（虚构的大学）共同研发出的产品。在这款酸奶中我们添加了可以调节肠道功能的"双歧杆菌155"和可以提高人体免疫力的"耐性菌422"以及铁元素。不仅可以调节肠道功能、降低体脂率、缓解花粉过敏症和降低感冒的患病率，甚至可以降低癌症的发病率。这是一款对大家预防疾病十分有帮助的产品！

我们来想象一下这样的画面：快要迟到的女高中生匆忙地喝了"Yogurt Bit"之后就赶往学校；身材苗条、面容姣好的女白领在忙碌的办公室中，一边盯着电脑屏幕，一边喝着"Yogurt Bit"；因为各种聚会而疲惫不堪的父亲在回家之后，从冰箱里拿出一瓶"Yogurt Bit"来饮用；在护理中心的餐厅中，老人们一边品尝着"Yogurt Bit"，一边慢悠悠地度过休闲时光；准备中学考试的小男孩一边喝着"Yogurt Bit"，一边和数学题"拼搏"。

形形色色的人在各自的生活中品尝着"Yogurt Bit"的同时，降低了患病的风险。那么我们就都会变得美丽、健康了吧！

我们就是考虑到这些生活中的种种场景，才生产出这款让大家变得更加"美丽"和"健康"的产品。

我们想让大家夸赞这款产品"最美味"，也希望大家能真心实意地说一句："我想每天都喝这款酸奶。"

为了达到这两点要求，我们把营养成分的平衡，维持在一个非常高的水准。

我们葛原食品公司生产这款酸奶产品的理想目标就是我们会因为这款"Yogurt Bit"而自豪。

为了能够让大家喜欢上我们生产出的这款新品酸奶，我们特意邀请了"Bit家庭"的各位成员来到了发布会现场。从今以后，"Bit家族"和葛原食品就会成为一支团队，展开各种各样的活动。

我的发言到此为止。再次衷心感谢大家在百忙之中抽出时间参加新品发布会。谢谢大家！

摄像机的光芒瞬间再次照亮了整个会场。

山崎大大口喘着气，看着版田千寻，内心的喜悦溢于言表。

在闪光灯下，版田女士的脸熠熠生辉。认真看的话，能发现她的眼角处闪烁着莹莹泪光。

写给和田重信老师最后的邮件

和田老师，久未问候。新品酸奶"Yogurt Bit"的发布会圆满结束了。托您的福，一切都很顺利。虽然还未来得及做详细的调查，但是从现场愉快的欢呼声中就可以知道最终的效果超过了预期。

这一切都是老师的功劳。感谢您在过去的5天内教给我的25个解决问题的方法。说实话，在最开始的时候我对您的话抱着半信半疑的态度。但是在授课的过程中，我逐渐入迷。以前的我因为脑海中浮现不出任何词汇而苦恼不已，而且还惧怕别人投来的视线。我经常感慨人生无趣，看不到任何光明的前途。但是现在却大为改观，过去那些日子的忧愁就像是一个弥天大谎。

我在坐电车的时候，就开始"实况转播"眼睛看到的场景；去食堂吃饭的时候，就开始费尽心思地不使用形容词来表达形容食物的美味；在和那些看起来很恐怖的上司或工作人员搭话的时候都会使用"我们"。在决定发布会结束的庆功宴时，我提出了33个餐厅选择方案，并且依靠辩证法解决了最后决定的那家店存在的短板。这疯狂的5天对我的"工作"，乃至我的生活、人生都产生了深远的影响。

但是，目前我还有一个烦恼，希望您能耐心听下去。

虽然这些天我学到了很多东西，但实际上我的脑海中并没有太多的语言积累。有时候大脑真的是一片空白。

我使用"5个'为什么'"的方法不停地问自己："为什么说不出来呢？"最后还是得不到任何答案。有时候也缺乏使用"动词"来号召别人的勇气。在和别人搭话时，我有时会觉得害羞而不使用"我们"。有时我想要把自己的想法总结成40个字符，最后脑海中只浮现了一句"太喜欢了"。或者有时我想给大家讲儿时的趣闻，却因为太害羞而张不开嘴……最后的结果就是在关键时刻，我根本就没有用上老师您教给我的那些方法。

老师，接下来真的是最后一个问题了。我应该如何使用您教的办法来向版田女士倾诉我内心真诚、炽热的感情？我应该如何才能思索、总结和传达这些表白的词句呢？请老师教我吧！如果我一直苦苦暗恋下去就没办法专心工作，彻夜难眠。和田老师，请您帮帮我吧！

山崎大

身处网络社交时代尤其不能忘却的东西

有一个叫"早稻田大众传媒补习班"的地方，在那里上课的学生们都是为了能够进入大众传媒公司工作。我第一次给他们上课的时候是我刚进入公司的那一年的冬天。那个时候我面对这些仅比我低一学年的学弟学妹们，只能给他们讲在面试的时候应该怎么做。

从那时候到现在的35年间，我每年都会和学生们见面。特别是自从7年前我登上明治大学的讲台后，拜访我的学生越来越多。

我是一名在广告公司上班的员工，同时也兼有大学特聘教师的身份。所以，我在和学生接触的时候会告诉他们："如果你能换成这种说法的话，那么别人一定会对你刮目相看。"有时也会建议他们说："如果你能特意强调应聘申请表中的这个部分，那么更能吸引别人的眼球。"我总是会下一些功夫教给他们"画龙点睛"的办法。

但是哪怕只是稍微指点他们一下，那些过去没有自信的学生的发言就有了好的变化，而且他们也学会了如何在应聘申请表上展现自己最好的一面。

那些一直"所向无敌"的学生会同时得到好多家公司的内定。这时他们也会来找我讨论应该选择哪个公司。我很想感受他们的快乐，所以我也会努力锻炼自己口头表达和书写的技巧。

无论这些学生平时是一个沉默寡言的人，还是口若悬河的人，实际上他们基本上都没有自信。回答别人问题的时候，不能很好地把握要点；脑海中没有储存合适的词汇；说话时不能表现出头脑冷静、内心温暖……这些都是不自信的表现。

但是，如果你愿意花费时间去认真倾听，就会意识到在他们那些让人费解的幼稚话语里，隐藏着丰富的想象力和柔软的内心想法。

但是现在想要达到这样的效果，要比过去花费更长的时间。究其原因，是因为现在年轻人大部分的交流活动都是在网络社交软件上完成的。

特别是最近五六年，不擅长"思索、总结和传达"技巧的学生越来越多。这使我不禁思考：到底我们说的是不是同一种日语呢？

现在这些孩子们大概都进入公司两三年了吧？山崎大就是一个典型的例子。

我所教授的25个方法其实是我在和学生长达35年的交流过程中总结出来的技巧。

我教的最早一批的学生现在已经在公司里担任要职，成为决定面试者命运的人。他们当中的大多数人都是我的热心读者，总是对我说："我希望您能把我当初在补习班学到的那些知识写下来。"也有人说："我可以帮助您来设计、装帧成书。"当然也有人严厉地批评说："这不是您真正想要写的书吧？"

现在我变成接受他们建议的一方了。

本书就是在这种和谐的师生关系中产生的。之所以有意识地强调"老师"和"学生"的关系，是应出版这本书的"大和出版社"的要求。

1981—1984年，我在当时有名的电视节目《NHK猜谜有趣研讨会》中做嘉宾，给出题人提供建议。

节目的主持人是被大家仰慕的教授——铃木健二先生。

当听到要出版这本书的时候，我一下想起了教授。

那个时候我才20岁刚出头，正在为该如何走好接下来的人生之路而苦恼。那时深陷迷茫的我一直在读铃木健二先生写的一本名为《20多岁的男人应该做什么》的书。那本书的出版公司就是大和出版社。

铃木先生的这本书对于当时年少的我来讲极其有帮助。能够和铃木先生在同一出版社"邂逅"，我不禁感慨命运的奇妙。

如果说要"报答铃木先生的恩情"，就显得有些不自量力。但是我还是借铃木先生的"庇佑"，写了这本书。

首先，我要感谢铃木先生造就了今天的我。我都是凭借从铃木先生那里学习到的知识才能就职于大众传媒公司，并在大学里讲课。

然后，还要感谢大和出版社编辑部的磯田千纮先生和葛原令子女士。他们两位很好地扮演了师徒角色，并且会为我指出这本书中语义不明的地方。这才使得这本书经得起推敲。

接下来，还要感谢一直给予我精神支持的小林祥晃教授和博报堂的立谷光太郎先生。

另外，我还要感谢我的87岁的母亲。遥想40年前每个周末的晚上，母亲一边看着《NHK猜谜有趣研讨会》，一边夸赞我说："这个问题问得不错。"或者偶尔也会提出意见说："没太明白想要表达的意思。"我要郑重感谢我的母亲，因为她才是我一生中真正的"老师"啊！

除此之外，出场人物的名字中包含了出版社的名称。我们把山崎大的"大"、和田重信的"和"、出井洋一郎的"出"、版田千寻的"版"组合在一起，就组成了"大和出版"这一名字。另外，音羽祥晃董事长的名字中"音羽"一词也是来自大和出版社的某个场所。

最后，我要郑重感谢的是阅读这本书的各位读者。

我希望您在接下来的日子里能够用属于自己的生动语言来吸引大家，也希望您的语言能够成为推动人生进步的原动力。

如果您有不懂的地方，请像山崎大那样对我说："请您帮助我吧！"

我一定会带着切实可行的建议，出现在您的面前。

蟇田吉昭